『十三五』国家重点图书出版规划项目

中国近现代稀见史料丛刊【第六辑】

张剑 徐雁平 彭国忠 主编

孙凤云集

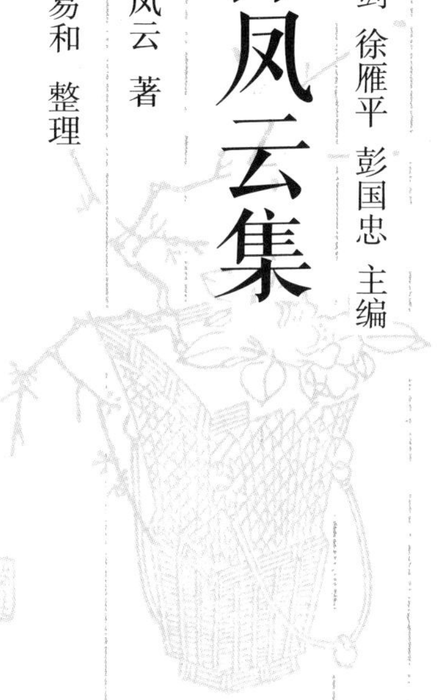

孙凤云 著

张易和 整理

本辑执行主编 彭国忠

凤凰出版社

图书在版编目（CIP）数据

孙凤云集 / 孙凤云著 ； 张易和整理. -- 南京:
凤凰出版社, 2019.6
（中国近现代稀见史料丛刊. 第六辑）
ISBN 978-7-5506-2952-3

Ⅰ. ①孙… Ⅱ. ①孙… ②张… Ⅲ. ①孙凤云—文集
Ⅳ. ①Z425.2

中国版本图书馆CIP数据核字(2019)第102068号

书　　名	孙凤云集
著　　者	孙凤云 著　张易和 整理
责任编辑	徐珊珊
装帧设计	姜　嵩
出版发行	凤凰出版社(原江苏古籍出版社) 发行部电话025-83223462
出版社地址	南京市中央路165号,邮编:210009
出版社网址	http://www.fhcbs.com
照　　排	南京凯建图文制作有限公司
印　　刷	江苏凤凰通达印刷有限公司 南京市六合区冶山镇,邮编:211523
开　　本	880×1230毫米　1/32
印　　张	8.625
字　　数	224千字
版　　次	2019年6月第1版　2019年6月第1次印刷
标准书号	ISBN 978-7-5506-2952-3
定　　价	48.00元

(本书凡印装错误可向承印厂调换,电话:025-57572508)

袁行霈先生题辞

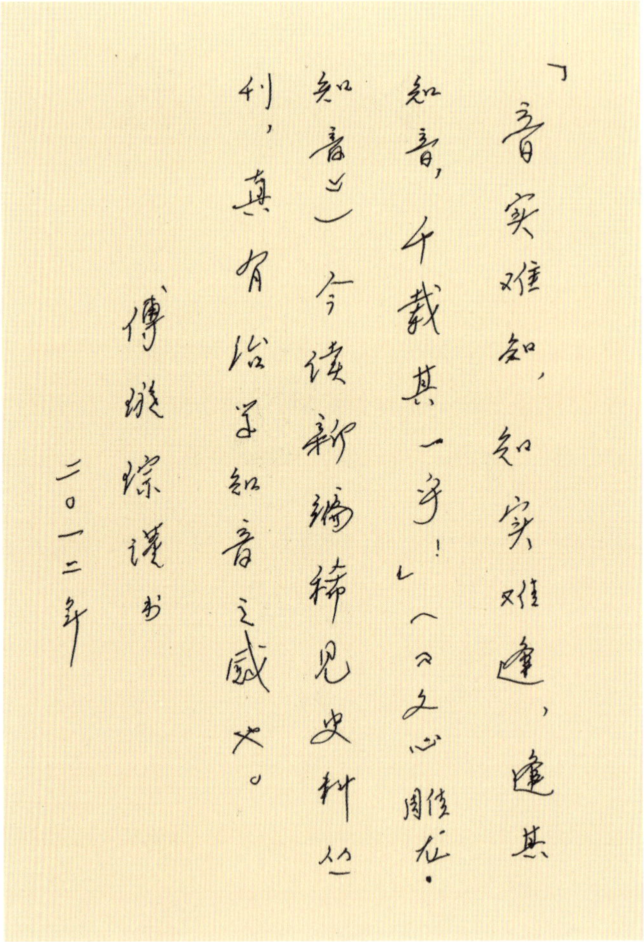
「音实难知，知实难逢，逢其知音，千载其一乎！」（《文心雕龙·知音》）今读新编稀见史料丛刊，真有治学知音之感也。

傅璇琮谨书

二〇一二年

傅璇琮先生题辞

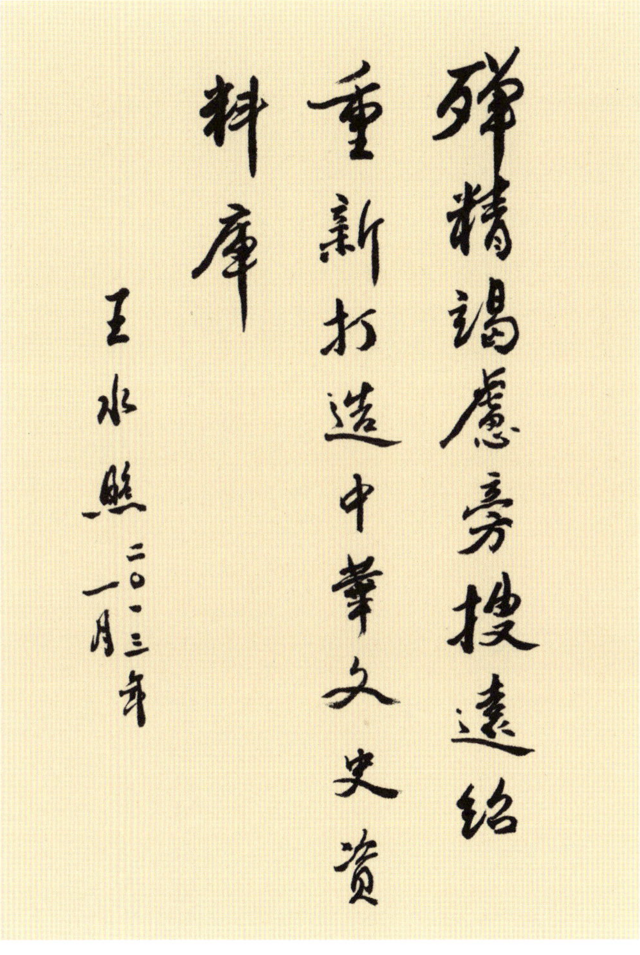

王水照先生题辞

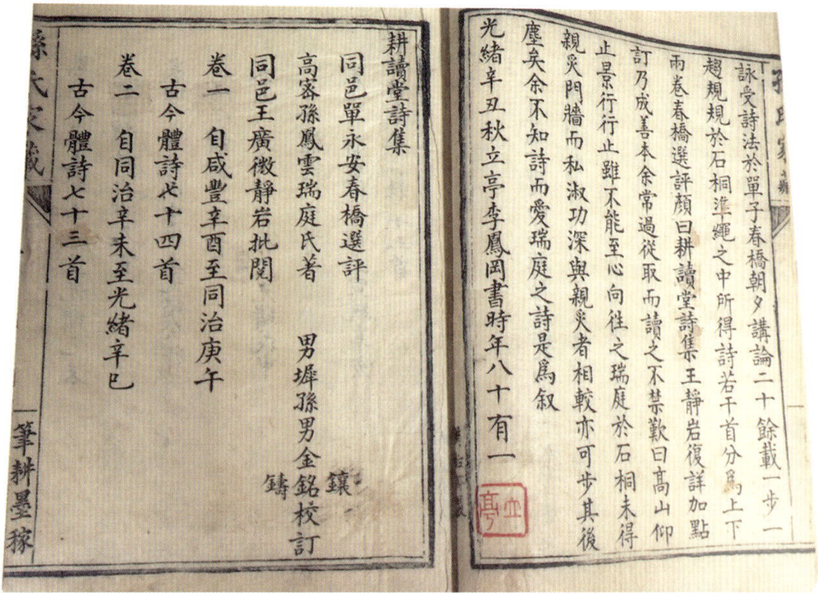

詠受詩法於單子春橋朝夕講論二十餘載一步一趨規規於石桐準繩之中所得詩若干首分爲上下兩卷春橋選評顏曰耕讀堂詩集王靜岩復詳加點訂乃成善本余常過從取而讀之不禁歎曰高山仰止景行行止雖不能至心向往之瑞庭於石桐未得親炙門牆而私淑功深與親炙者相較亦可步其後塵矣余不知詩而愛瑞庭之詩是爲叙

光緒辛丑秋立亭李鳳岡書時年八十有一

耕讀堂詩集

同邑單永安春橋選評

高密孫鳳雲瑞庭氏著

同邑王廣徵靜岩批閱

男墀 孫男金鑲 銘 鑄 校訂

卷一 自咸豐辛酉至同治庚午

古今體詩七十四首

卷二 自同治辛未至光緒辛巳

古今體詩七十三首

右：《耕读堂诗集》叙后一朱文印“立亭”；左：《耕读堂诗集》目录

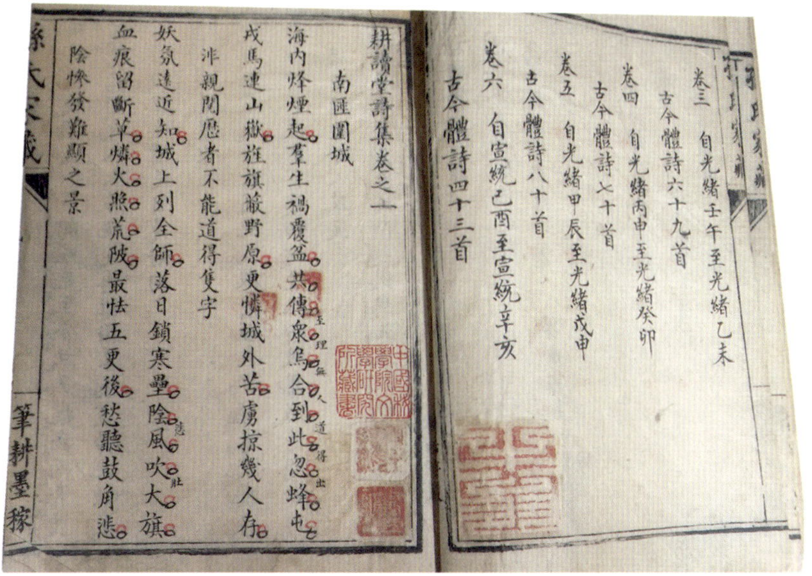

右：《耕读堂诗集》目录后一白文印“半翁”；左：《耕读堂诗集》卷之一，一朱文印“中国科学院文学研究所藏书”，一朱文印“半楼”，一白文印“凤云印”。

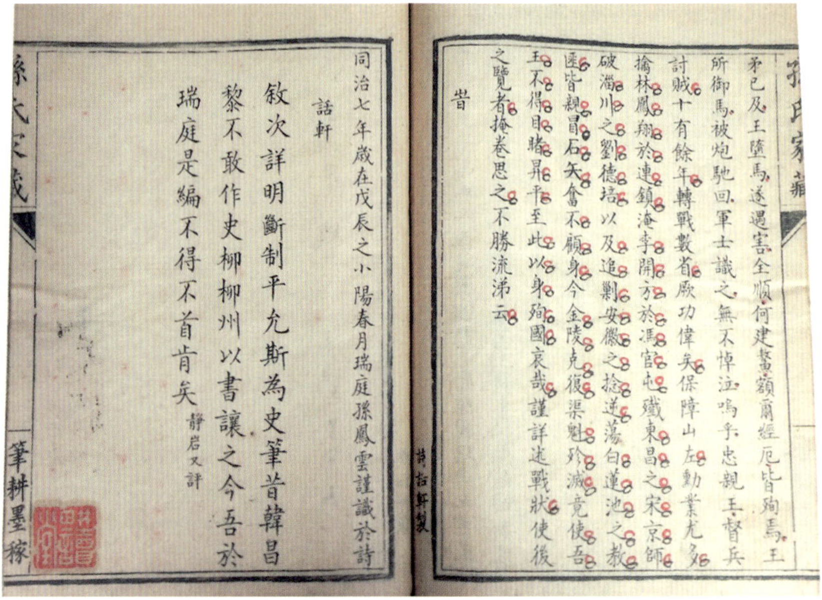

右：《耕读堂诗集》朱笔、墨笔圈点；左：《耕读堂诗集》卷末一白文印“耕读堂”。

《中国近现代稀见史料丛刊》总序

在世界所有的文明中，中华文明也许可说是“唯一从古代存留至今的文明”（罗素《中国问题》）。她绵延不绝、永葆生机的秘诀何在？袁行霈先生做过很好的总结：“和平、和谐、包容、开明、革新、开放，就是回顾中华文明史所得到的主要启示。凡是大体上处于这种状况的时候，文明就繁荣发展，而当与之背离的时候，文明就会减慢发展的速度甚至停滞不前。”（《中华文明的历史启示》，《北京大学学报》2007 年第 1 期）

但我们也要清醒看到，数千年的中华文明带给我们的并不全是积极遗产，其长时段积累而成的生活方式与价值观具有强大的稳定性，使她在应对挑战时所做的必要革新与转变，相比他者往往显得迟缓和沉重。即使是面对佛教这种柔性的文化进入，也是历经数百年之久才使之彻底完成中国化，成为中华文明的一部分；更不用说遭逢“数千年来未有之变局”、“数千年未有之强敌”（李鸿章《筹议海防折》），“数千年未有之巨劫奇变”（陈寅恪《王观堂先生挽词序》）的中国近现代。晚清至今虽历一百六十余年，但是，足以应对当今世界全方位挑战的新型中华文明还没能最终形成，变动和融合仍在进行。1998 年 6 月 17 日，美国三位前总统（布什、卡特、福特）和二十四位前国务卿、前财政部长、前国防部长、前国家安全顾问致信国会称：“中国注定要在 21 世纪中成为一个伟大的经济和政治强国。”（徐中约著《中国近代史》上册第六版英文版序，香港中文大学 2002 年版）即便如此，我们也不能盲目乐观，认为中华文明已经转型成功，相反，中华文明今天面对的挑战更为复杂和严峻。新型的中华文明到底会怎样呈现，又怎样具体表现或作用于政治、经济、文化等层面，人们还在不断探索。这个问题，我们这一代恐怕无法给出答案。但我们坚信，在历史上曾经灿烂辉煌的中华文明必将凤凰浴火，涅槃重生。这既是数千年已经存在的中华文明发展史告诉我们的经验事实，也是所有为中国文化所化之人应有的信念和责任。

不过，对于近现代这一涉及当代中国合法性的重要历史阶段，我们了解得还过于粗线条。她所遗存下来的史料范围广阔，内容复杂，且有数量庞大且富有价值的稀见史料未被发掘和利用，这不仅会影响到我们对这段历史的全面了解和规律性认识，也会影响到今天中国新型文明和现代化建设对它的科学借鉴。有一则印度谚语如是说："骑在树枝上锯树枝的时候，千万不要锯自己骑着的那一根。"那么，就让我们用自己的专业知识与能力，为承载和养育我们的中华文明做一点有益的事情——这是我们编纂这套《中国近现代稀见史料丛刊》的初衷。

书名中的"近现代"，主要指 1840—1949 年这一时段，但上限并非以一标志性的事件一刀切割，可以适当向前延展，然与所指较为宽泛的包含整个清朝的"近代中国"、"晚期中华帝国"又有所区分。将近现代连为一体，并有意淡化起始的界限，是想表达一种历史的整体观。我们观看社会发展变革的波澜，当然要回看波澜如何生，风从何处来；也要看波澜如何扩散，或为涟漪，或为浪涛。个人的生活记录，与大历史相比，更多地显现出生活的连续。变局中的个体，经历的可能是渐变。《丛刊》期望通过整合多种稀见史料，以个体陈述的方式，从生活、文化、风习、人情等多个层面，重现具有连续性的近现代中国社会。

书名中的"稀见"，只是相对而言。因为随着时代与科技的进步，越来越多的珍本秘籍经影印或数字化方式处理后，真身虽仍"稀见"，化身却成为"可见"。但是，高昂的定价、难辨的字迹、未经标点的文本，仍使其处于专业研究的小众阅读状态。况且尚有大量未被影印或数字化的文献，或流传较少，或未被整合，也造成阅读和利用的不便。因此，《丛刊》侧重选择未被纳入电子数据库的文献，尤欢迎整理那些辨识困难、断句费力、裒合不易或是其他具有难度和挑战性的文献，也欢迎整理那些确有价值但被人们习见思维与眼光所遮蔽的文献，在我们看来，这些文献都可属于"稀见"。

书名中的"史料"，不局限于严格意义上的历史学范畴，举凡日记、书信、奏牍、笔记、诗文集、诗话、词话乃至序跋汇编等，只要是某方面能够反映时代政治、经济、文化特色以及人物生平、思想、性情的文献，都在考虑之列。我们的目的，是想以切实的工作，促进处于秘藏、边缘、零散等状态的史料转化为新型的文献，通过一辑、二辑、三辑……这样的累积性整理，自然地呈现出一种规模与气象，与其他已经整理出版的文献相互关联，形成一个丰茂的文献群，从而揭示在宏大的中国近现代叙事背后，还有很多未被打量过的局部、日常与细节；在主流周边或更远处，还有富于变化的细小溪流；甚至在主流中，还有漩涡，在边缘，还有静止之水。近现代中国是大变革、大痛苦的时代，身处变局中的个体接物处事的伸屈、所思所想的起落，藉纸墨得以留存，这是一个时代的个人记录。此中有文学、文化、生活；也时有动乱、战争、革命。我们整理史料，是提供一种俯首细看的方式，或者一种贴近近现代社会和文化的文本。当然，对这些个人印记明显的史料，也要客观地看待其价值，需要与其他史料联系和比照阅读，减少因个人视角、立场或叙述体裁带来的偏差。

知识皆有其价值和魅力，知识分子也应具有价值关怀和理想追求。清人舒位诗云"名士十年无赖贼"（《金谷园故址》），我们警惕袖手空谈，傲慢指点江山；鲁迅先生诗云"我以我血荐轩辕"（《自题小像》），我们愿意埋头苦干，逐步趋近理想。我们没有奢望这套《丛刊》产生宏大的效果，只是盼望所做的一切，能融合于前贤时彦所做的贡献之中，共同为中华文明的成功转型，适当"缩短和减轻分娩的痛苦"（马克思《资本论》第一卷第一版序言）。

《丛刊》的编纂，得到了诸多前辈、时贤和出版社的大力扶植。袁行霈先生、傅璇琮先生、王水照先生题辞勖勉，周勋初先生来信鼓励，凤凰出版社姜小青总编辑赋予信任，刘跃进先生还慷慨同意将其列入“中华文学史史料学会”重大规划项目，学界其他友好也多有不同形式的帮助……这些，都增添了我们做好这套《丛刊》的信心。必须一提的是，《丛刊》原拟主编四人（张剑、张晖、徐雁平、彭国忠），每位主编负责一辑，周而复始，滚动发展，原计划由张晖负责第四辑，但他尚未正式投入工作即于2013年3月15日赍志而殁，令人抱恨终天，我们将以兢兢业业的工作表达对他的怀念。

《丛刊》的基本整理方式为简体横排和标点（鼓励必要的校释），以期更广泛地传播知识、更好地服务社会。希望我们的工作，得到更多朋友的理解和支持。

2013年4月15日

目　录

前　言………………………………………………………… 1

耕读堂诗集………………………………………………………… 1

叙………………………………………………………… 2

卷之一………………………………………………………… 3

南匪围城………………………………………………………… 3
贼退还家………………………………………………………… 4
寇退野望………………………………………………………… 4
乱后闲居………………………………………………………… 5
幽居………………………………………………………… 5
田家辞………………………………………………………… 6
南园修屋感而有作………………………………………………………… 6
秋夕感怀………………………………………………………… 7
题文亭张表兄别业………………………………………………………… 7
赠李立亭………………………………………………………… 7
春日野游………………………………………………………… 8
过田家………………………………………………………… 8
谒僧王庙………………………………………………………… 8
赠隐者………………………………………………………… 9
北邙行 ………………………………………………………… 10
题春桥先生诗卷后 ………………………………………………………… 10
生孙 ………………………………………………………… 10

丙子元旦作 …… 11
纪旱 …… 11
除夕感怀 …… 12
自赠 …… 12
忆劳山旧游 …… 13
灵山城 …… 13
夜宿灵山 …… 14
灵山道中 …… 14
游朝阳寺 …… 14
游西石 …… 14
老君塔 …… 15
海寺 …… 15
道旁废寺 …… 15
曲巷贫居 …… 16
月夜与同志诸子闲话 …… 16
月夜东溪送客 …… 17
南园杂咏 …… 17
晚步寄友人 …… 18
读《主客图》 …… 18
题张泽生山水画 …… 19
戏呈同游李竹溪刘鹤峰 …… 19
一室 …… 20
寂坐 …… 20
柳絮 …… 20
呈春桥先生 …… 21
题缄斋李丈蜗庐诗集后 …… 21
樵夫 …… 22
牧童 …… 22

渔翁 …… 22
渔家 …… 22
芦花 …… 23
田父辞 …… 23
雪霁晚眺 …… 24
偶成 …… 24
园居 …… 24
南园秋居 …… 25
寄高云卿 …… 25
南冈远眺 …… 25
访友人不遇 …… 25
夕阳 …… 26
墀儿入泮 …… 26
喜母病渐愈以诗柬春桥先生 …… 26
视春桥先生病即借介石轩祝寿句为起以赠 …… 27
赠卓亭侄 …… 27
己卯岁四月念五日午后大风雷雨 …… 28
哀邻生出闱后殁于邹平途次 …… 29
卷之二 …… 30
珠山早行 …… 30
珠山道中 …… 30
大珠山 …… 30
冬晓 …… 31
送友人游潮州 …… 31
冬日闲居 …… 31
夜吟 …… 32
苦寒 …… 32
田家 …… 32

访南山隐者 …… 33
赠同巷友 …… 33
赠文亭张表兄 …… 33
西村访友 …… 33
迟友人不至 …… 34
愁 …… 34
溪上早春 …… 34
邀刘鹤峰携酒与李竹溪小酌 …… 35
自题书斋 …… 35
友人以近作见示遂题卷末为赠 …… 35
岁暮感怀 …… 36
泥火炉 …… 36
晚过西村 …… 36
哭李竹溪 …… 36
答春桥先生春雨柬示遂依其韵 …… 37
和春桥先生病中思余不见留别之诗 …… 37
喜春桥先生病后过访 …… 38
次日访春桥先生 …… 38
冬暮杂咏 …… 38
课幼孙夜读兼示墀儿 …… 39
猛虎行 …… 40
自悔 …… 40
览镜 …… 41
与友人闲话劳山旧游 …… 42
招卓亭侄 …… 42
喜春桥先生批桑梓前辈诸公诗钞读而有悟遂效东坡体戏以为赠 …… 43
腊日对酒 …… 43

自编诗稿既成怅然有感题卷末 …… 44
再题卷后 …… 45
寒食行 …… 45
酬春桥先生夜雨不成见寄 …… 46
喜雨 …… 46
与春桥先生东郊闲步 …… 47
箴子诗 …… 47
谢春桥先生惠书字册 …… 48
自题千金仓 …… 48
遨游歌 …… 49
刈麦 …… 50
种豆 …… 50
雨中闻蝉 …… 51
寄和卓亭侄夏日闲居六首 …… 51
出浴 …… 53
哭春桥先生 …… 53
自题吟草后悲春桥先生 …… 54
检阅旧卷再哭春桥先生 …… 54
卷之三 …… 55
瘗牛 …… 55
祝陈母庄太宜人寿 …… 55
晚秋与吟侣东村访宫松坡 …… 56
南园秋晚 …… 57
大树 …… 58
斋居感旧并序 …… 59
有感 …… 59
喜调诸孙 …… 59
送友人辽东应募 …… 60

朝寒 …… 60
偶检春桥先生墨迹悲悼而作 …… 60
过坊岭 …… 60
过红绣河 …… 61
冬夜 …… 61
趋世 …… 61
家嫂诞辰称觞祝寿之作并序 …… 61
早春野步 …… 63
春雪 …… 63
春日偕吟侣东村访友不遇遂步胶溪村沽小酌 …… 63
早春雨霁 …… 64
初拄杖 …… 64
志冤 …… 64
哭卓亭侄 …… 64
避居 …… 65
古槐 …… 65
康河早春 …… 65
韩坝怀古 …… 66
早起课农劳倦假寐梦中得独吟苍松乱五字醒后足成之 …… 66
黄仪山先生惠削《游劳记》寄汉瓦砚以谢之 …… 67
求仪山先生惠作诗序 …… 67
望山 …… 68
挽单烈妇 …… 68
长夜 …… 68
猫 …… 69
海石天成笔架歌并序 …… 69
哭刘鹤峰 …… 69
寻乐 …… 70

内人患疸濒殆竟夜呻吟愁惨而作 …… 70
过废村书感 …… 71
续猛虎行 …… 71
喜内人病愈灯前闲话 …… 71
岁暮阴潦 …… 72
自叹 …… 72
夏日自遣 …… 72
诗书叹 …… 72
骤寒 …… 73
过南村 …… 73
送流人 …… 74
贺马丈云程八十八岁生孙 …… 74
续寒食行 …… 74
诫孙男金镶金铸兄弟 …… 75
邀同志赴王丈静岩置酒之约 …… 76
看新县尹上任有感而作 …… 76
王丈静岩和余感县尹上任诗归而又作 …… 77
柬单憩园 …… 77
将夕 …… 77
惜春 …… 78
卷之四 …… 79
甘泉宫长生汉瓦砚歌 …… 79
题《桃源避秦图》 …… 79
王松坡约游樱珠园斋中留饮归而却寄 …… 80
喜生曾孙寄孙男金铭书馆 …… 81
赠□□坡 …… 82
把酒 …… 83
邻女辞 …… 83

落齿 …… 83
和友人登岱遇雨 …… 84
冬夜读罢 …… 84
菊感 …… 84
书斋八咏 …… 85
汉瓦砚 …… 85
竹画叉 …… 85
石笔架 …… 85
泥茶壶 …… 86
浸花瓶 …… 86
檀香炉 …… 86
磁笔洗 …… 86
铜火炉 …… 86
谢马雪堂赠杖 …… 87
书斋 …… 87
春冷 …… 87
弄曾孙 …… 88
永夜 …… 88
骤晴 …… 88
夜坐 …… 89
感秋 …… 89
送三岁曾孙归圹 …… 89
读武侯《出师表》 …… 89
改诗话轩为忆旧斋并序 …… 90
苦寒吟 …… 91
寒夜怀友 …… 91
王晓山屡惠医药无以为报遂将家藏刘文清手书字册条幅二事酬赠 …… 91

哀濠民 …… 92
赠梅 …… 93
重阳吟 …… 93
冬寒 …… 94
树介 …… 94
管来臣自即墨归言黄仪山先生病故惊恸成诗 …… 94
即景 …… 95
铭孙入泮诗以诫之 …… 95
对竹读书 …… 96
喜竹歌寄孙男金铭 …… 96
酬王丈静岩为参订诗稿 …… 97
圣教歌 …… 98
壬寅人日古城登高书感 …… 99
诫墀儿兼示孙男金铭兄弟 …… 99
自慰 …… 100
慰内人病 …… 100
和王丈静岩感遇二首 …… 101
和王丈静岩感遇漫吟二首 …… 101
内人病笃 …… 102
脱累 …… 102
伤逝 …… 102
中秋望夜和王丈静岩感赋四首 …… 103
海疆吟 …… 103
寒食行和王丈静岩 …… 104
卷之五 …… 105
和王丈静岩麦天新霁歌 …… 105
喜麦秋 …… 105
幽栖 …… 106

吴道子观自在像…………………………………………………… 106
驴……………………………………………………………………… 107
高云卿旧藏古瓦一片乞为镌识意欲以他砚易得既悟而归
之因赋诗自克…………………………………………………… 107
咏端研……………………………………………………………… 107
喜秋熟……………………………………………………………… 108
织妇辞……………………………………………………………… 108
草书歌……………………………………………………………… 109
柳树瘿笔筒………………………………………………………… 109
谢王斐卿惠制书函………………………………………………… 110
哭单憩园…………………………………………………………… 110
感梦寄王丈静岩…………………………………………………… 110
夜静………………………………………………………………… 110
南坞栽树…………………………………………………………… 111
哭王丈静岩………………………………………………………… 111
丙午元旦书感……………………………………………………… 111
除夕十二咏………………………………………………………… 112
老儒 ……………………………………………………………… 112
老将 ……………………………………………………………… 112
老农 ……………………………………………………………… 112
老仆 ……………………………………………………………… 112
老妾 ……………………………………………………………… 113
老妓 ……………………………………………………………… 113
老马 ……………………………………………………………… 113
老牛 ……………………………………………………………… 113
老犬 ……………………………………………………………… 113
老骡 ……………………………………………………………… 114
老驴 ……………………………………………………………… 114

老猫 …… 114
检《竹庆集》悲王丈静岩…… 114
火车…… 114
喜立春…… 115
哀静岩先生复作寒食行…… 115
立夏前一日送春感赋…… 115
秋晚…… 115
居处…… 116
知过…… 116
哀范生鸿恩并引 …… 116
忧愤…… 116
拣旧作口占…… 117
晴雪…… 117
冬景…… 117
建坊…… 118
麦秀双歧歌…… 118
与李子卿小酌怀旧游诸友…… 118
咏蝉…… 118
秋蝉…… 119
中秋节因雨不得赏月次日晴明喜而有作…… 119
老翁…… 119
重阳日与三二老友携酒西陵登高晚归…… 119
寻菊…… 120
寻乐并引 …… 120
自况三首…… 120
大风…… 121
庸子…… 121
老叹…… 121

丁未元旦歌…………………………………………………… 121
赠单季怀………………………………………………………… 122
雨雹……………………………………………………………… 122
麦秋丰乐词……………………………………………………… 122
月夜访张润之归后却寄………………………………………… 123
过胶州怀高南阜………………………………………………… 123
秋夕步月………………………………………………………… 123
秋景……………………………………………………………… 123
偶然作…………………………………………………………… 124
咏史九首………………………………………………………… 124
答友二首………………………………………………………… 126
惑蛊叹…………………………………………………………… 126
卷之六………………………………………………………… 128
过山村…………………………………………………………… 128
过潍县怀韩公复………………………………………………… 128
谒孤山伯夷庙…………………………………………………… 128
过青州怀赵秋谷………………………………………………… 128
过牛山…………………………………………………………… 128
过长山怀范文正………………………………………………… 128
初至济南………………………………………………………… 129
谒铁公祠………………………………………………………… 129
趵突泉试茗……………………………………………………… 129
过白雪楼怀李沧溟……………………………………………… 129
过秋柳院怀王渔洋……………………………………………… 130
古历亭…………………………………………………………… 130
明湖晚眺………………………………………………………… 130
济南口占………………………………………………………… 130
留别济南同游诸子……………………………………………… 130

早发济南………………………………………………………… 130
溪上新居………………………………………………………… 131
鹰……………………………………………………………… 131
古铁刀………………………………………………………… 131
赠张昌言………………………………………………………… 131
赠张兰阶………………………………………………………… 132
赠单雨田并引 …………………………………………………… 132
早春偕单雨田李少甫张润生王立斋游东武诸山………… 132
只轮车………………………………………………………… 132
查私学………………………………………………………… 133
开编并引 ……………………………………………………… 133
过莱州怀杨公伯起……………………………………………… 133
度岁…………………………………………………………… 133
秋晓…………………………………………………………… 134
秋思…………………………………………………………… 134
水西贻燕堂席上咏玉兰………………………………………… 134
慨世怀丰治年间中兴诸公……………………………………… 134
秋夜迟月………………………………………………………… 134
寄赠胶西茂才李西斋…………………………………………… 135
戒奢…………………………………………………………… 135
冬暖野游………………………………………………………… 135
宣统辛亥元旦大水……………………………………………… 135
辛亥春雨雪阴潦忧郁而作……………………………………… 136
辛亥秋水叹……………………………………………………… 136
再赠单雨田……………………………………………………… 136
夜坐…………………………………………………………… 136
辛亥纪乱………………………………………………………… 137
辛亥冬自书诗集后……………………………………………… 137

耕读堂文集…………………………………………… 138
传……………………………………………………… 138
耕读堂铭………………………………………………… 139
耕读堂家训十要………………………………………… 139
格心斋铭………………………………………………… 140
吊李义士文……………………………………………… 140
节披论…………………………………………………… 141
游五莲山记……………………………………………… 142
春桥先生传……………………………………………… 143
重修关帝庙记…………………………………………… 144
重修宫氏族谱叙………………………………………… 145
玉峰先生传……………………………………………… 146
为儿妇张氏祈病疏……………………………………… 147
牧民说…………………………………………………… 148
重阳雅集叙……………………………………………… 149
祭立亭先生文…………………………………………… 150
送族侄墉乡试叙………………………………………… 151
醉山亭记………………………………………………… 151
重修家谱叙……………………………………………… 152
爱竹说…………………………………………………… 153
送穷文…………………………………………………… 153
竹庆堂记………………………………………………… 154
刘军门论………………………………………………… 155
李孝子传………………………………………………… 155
王孝子传………………………………………………… 156
重修墨泉记……………………………………………… 157
敦睦堂茔记……………………………………………… 158
培远堂茔记……………………………………………… 158

双槐堂茔记…… 159
僧王殉难战状…… 160
诗话轩别集序…… 161
游崂记合编序…… 162
祭静岩先生文…… 164
雨田先生传…… 164

游崂纪合编…… 166
耕读堂游崂纪合编叙…… 166
耕读堂游崂纪合编叙…… 167
耕读堂游崂纪合编叙…… 168
自叙…… 169
游崂纪略…… 169
游崂续纪…… 192

辛丁纪乱册…… 218
叙…… 218
叙…… 219
辛丁纪乱…… 220
辛酉纪乱…… 220
丁卯纪乱…… 228
附录:李宫保平西捻张总愚疏 …… 231
附录:僧王殉难战状 …… 232

前　言

《耕读堂集》是晚清高密人孙凤云(1837—?)的作品集，一函五册，现藏于中国社会科学院文学研究所图书馆，其著作时间从咸丰辛酉年(1861)至宣统辛亥年(1911)，包括《耕读堂诗集》六卷二册、《耕读堂文集》一卷一册、《游崂纪合编》一卷一册、《辛丁纪乱册》一卷一册。[①] 诗集下署注：同邑单永安春桥选评，高密孙凤云瑞庭氏著，同邑王广微静岩批阅，男墀、孙男金镶、金铭、金铸校订。文集下署注：高密孙凤云瑞庭氏著，同邑王广微静岩选评，男墀、孙男金铭、金镶、金铸校订。《游崂纪合编》下署注：即墨黄肇愕仪山氏鉴定，高密孙凤云瑞庭氏著，同邑单润传雨田氏参阅，男墀、孙男金铭、金镶、金铸校订。《辛丁纪乱册》下署注：高密孙凤云瑞庭著，男墀、孙男金铭、金镶、金铸校订。可见其曾经亲友评阅校订。该书书目卡片注录为钞本，实际其中颇有贴改或描改，且多钤作者各种印章，应作稿本。其中，《游崂纪合编》部分内容被收于同时代人黄肇愕所编《崂山续志》中，但有所删改；其他内容未见有他本传世，《山东文献集成》亦未收录，当系天壤间孤本，弥足珍贵。

《耕读堂集》内容丰富，值得予以多方面的研究和观照。例如，在文学研究方面，从孙凤云的思想观念、诗作风格、诗学师承以及他与同邑师友的议论中，可以发现其对高密诗派理论有较好继承，一定程

---

① 《高密县志》卷十六《杂稽·著述》载孙凤云著述为："《耕读堂遗文》一卷、《耕读堂诗集》四卷、《辛丁纪乱》一卷、《游崂记合编》二卷。"诗集所记卷数当非定稿卷数。台湾成文出版社影印民国二十四年余友林等修铅印本，第 1567 页。

度上可以证明高密诗派对晚清山东地区仍有重要影响。《耕读堂集》也有较高的史学价值。由于孙凤云生活在风云变幻的晚清时期，他亲历了当时一系列社会动荡与变革，如捻军起义、外国势力侵华、晚清新政废除科举等，这些在其诗文中或多或少有所体现，可为相关历史研究提供珍贵的第一手史料。除此之外，其《游崂纪合编》中收录的崂山石刻内容和前人著述，可弥补现存文献之缺漏，并纠正其中一些错误。当然，《耕读堂集》还描绘了晚清乡间贫穷士人的思想观念、生活状况，对于晚清社会的研究亦有一定价值。

一、孙凤云生平与《耕读堂集》的内容

孙凤云，字瑞庭，别号半楼、半翁，山东高密人，曾自名其居曰“诗话轩”“忆旧斋”“耕读堂”等。其生平从《耕读堂集》中大致可考。

孙凤云的出生时间，据其《丁未元旦歌》(引自《耕读堂诗集》，下凡引孙氏自作者仅注篇名)中“自料不能到七十，谁知又到七十一”，以及《重修家谱叙》中“迨道光二十四年……云年甫八龄”两处可推算，应为道光十七年，即公元1837年。是时家境颇为窘迫，祖茔已经“卖至坟根，直无跪拜之地”(《敦睦堂茔记》)。根据孙凤云诗作和其师友描述，其幼时“耽吟咏，尤嗜古文”(王广微《耕读堂文集传》)，二十岁左右，好勇逞强，学剑漫游，以游侠自命(《自悔》)，“竟日放浪如颠狂”，以至家业半数为之消亡(《家嫂诞辰称觞祝寿之作》)。也正是此时，捻军的战火于咸丰辛酉年(1861)和同治丁卯年(1867)两次烧到了高密。孙凤云目睹了战斗情形，亲历了捻军围城、官军骚扰、断水缺粮之苦，房屋也被焚毁。这是他写作《辛丁纪乱册》的基础。

年近三十，孙凤云生活渐趋稳定，开始闭门读书，并跟从单永安学作诗文，“朝夕讲论二十余载，一步一趋”(李凤冈《耕读堂诗集叙》)，诗作经单永安的选评和王广微的批阅，编为《耕读堂诗集》。光绪辛巳年(1881)单永安去世后，孙凤云坚持写诗作文。他虽有田地，但生活仍比较拮据，常出现“补屋添新草，无钱典旧衣”(《曲巷贫居》)

的情况。几十年间，他的家业似乎逐渐向好，儿子孙墀取得贡生，孙子经商，曾孙出生；家谱得以重修；家族墓地问题也得到解决。[①] 他一生三次游览崂山，其中于光绪己丑年(1889)两次游崂，并写作《游崂纪合编》。光绪己亥年(1899)，驻青岛德军以保护铁路为名侵占高密县城，“到处皆烽火，满城多苦兵”的局面再度上演(《赠单雨田并引》)。此后他又经历了废除科举、晚清新政，对此极度痛恨不满。光绪乙巳年(1905)，他的《耕读堂文集》也告完成。辛亥革命爆发，清朝统治被推翻，受儒家伦理观念影响深厚的孙凤云认为“此道从今应绝笔，集中难入伪朝诗”(《辛亥冬自书诗集后》)，停止了写作。

《耕读堂诗集》收录古今体诗约四百首，内容广泛，体例完备，既包括写景状物的诗作，也有较多涉及作者生活经历和当时社会变动的诗作，部分诗文还对时政抒发议论。依据诗作的内容，可以大致进行分类。其中，个人层面的诗作较多。一是写景状物，或描绘自己的闲居生活，这类诗作数量最多，不胜枚举。二是记录与师友的交游经历、寄托对他们的深情，或是对他们的去世表达哀思，如《赠李立亭》《哭李竹溪》等。三是有关家庭，抒写天伦之乐，或是生离死别之哀，如《生孙》《送三岁曾孙归圹》等。同时，书中也有不少关于社会层面的诗作，体现了作者强烈的社会关怀和儒家伦理道德意识。如《纪旱》《猛虎行》等，表现出对贫苦农民的同情、对剥削压迫人民的贪官污吏的强烈痛恨；《哀濠民》《海疆吟》《南匪围城》等，描写战乱，抒发对国难的感伤，赞美抗敌英雄，抨击卖国官僚；《圣教歌》《己卯岁四月念五日午后大风雷雨》等意在推崇与弘扬传统儒家伦理道德，表达对社会浮薄风气的不满和对洋教、新式学堂的痛恨。

《耕读堂文集》收文三十二篇，涉及面较广。其思想与诗集大体

---

① 参见孙凤云《敦睦堂茔记》《诫孙男金镶金铸兄弟》《喜生曾孙寄孙男金铭书馆》《重修家谱叙》《双槐堂茔记》《培远堂茔记》等。另据《高密县志》卷十六《杂稽·著述》载，孙凤云之子孙墀著述有“《少庭诗集》一卷”(第 1568 页)。

相近，也可依据内容分为几类：弘扬儒家伦理道德、提出个人修养要求者，如《耕读堂铭》《耕读堂家训十要》等；对贪官污吏的批判与讽刺者，如《牧民说》《节拔论》等；家族事务，主要是重订家谱、扩展修缮祖先坟茔等，如《重修家谱叙》《敦睦堂茔记》等；人物传记，既包括亲友，也包括品德高尚或功勋卓著者，如《春桥先生传》《李孝子传》《刘军门论》等；各类游记如《重阳雅集叙》《游五莲山记》等，以及其他一些零散内容。

《游崂纪合编》则是孙凤云光绪己丑年(1889)两次到崂山的游记，也收录了沿途作的诗歌。对途中自然风光、人文风情、宫观建筑有详细的描写，还抄录了大量崂山石刻和一些前人作品的内容。《游崂续纪》中还记录了一段孙凤云与友人讲评诗作的内容，其中有不少涉及高密诗派的内容。

《辛丁纪乱册》记述了咸丰辛酉年(1861)、同治丁卯年(1867)捻军两次经过高密时的情况，详细描绘了当时高密城中的守备安排、城外的战况、百姓遭受屠杀的惨状，以及有关捻军的传闻，也记载了关于难民遭到错杀、官军肆意扰民等内容。

无疑，《耕读堂集》具有文学、史学、文献学等多种价值，以下不妨具体分析之。

二、《耕读堂集》与晚清高密诗派

高密诗派是清中叶兴起的地方性诗歌流派，代表人物是山东高密人李怀民、李宪暠、李宪乔，并称“高密三李”。他们反对空衍肤廓、藻绘柔腻的不良诗风，“极力强调诗人人格的傲岸，标举‘风雅’和‘气骨’，提倡用心苦吟，力图以寒瘦清硬来对抗诗坛流行风气”。[①] 从《耕读堂集》中不难发现，孙凤云及其同邑师友高度认同并自觉实践

① 石玲、王小舒、刘靖渊：《清诗与传统——以山左与江南个案为例》，齐鲁书社2008年版，第524—525页。

高密诗派的诗学理论，说明在孙凤云生活的年代，即晚清的最后五十年中，高密诗派的学说仍对当地诗人产生着重要影响，《耕读堂集》似乎可以视为高密诗派在晚清影响力的重要见证。

《耕读堂集》的多处内容都直接表明，孙凤云学诗时接受了正统的高密诗派理论。《游崂纪合编叙》中孙凤云族侄李卓亭记述："单子春桥，肫笃士也。（孙凤云）与订忘形交，从受《中晚唐诗主客图》，为作诗入门。"还有孙凤云的自述："久之，得单子春桥，劝余就学……授以李石桐先生手订《中晚唐诗主客图》本读之，余始学作诗。"（《游崂记合编序》）《中晚唐诗主客图》是高密派核心人物之一李怀民的重要著作，集中反映出高密诗派的诗学主张。孙凤云学诗过程中，《主客图》发挥了重要作用，甚至可谓他诗学的启蒙，足见高密诗派理论对其的指引作用。他对于《主客图》的内容更是熟稔，光绪己丑年（1889）游崂山时，曾为数峰道人讲解《主客图》的具体内容（《游崂续纪》）。

另外，指导孙凤云作诗的单永安也是高密诗派的传承者。据孙凤云《春桥先生传》，单永安"诗出李鲁钦之门，深得唐人三昧"。李鲁钦，即李诒玙，是李怀民的次子，诗守家法。另据单步青《春桥遗诗叙》，"最后瓣香卓庵者又有二人，曰竹客与春桥先生……先生更在私淑之列"。[①] 卓庵，即李诒经，高密诗派重要人物之一，师从李怀民并受其盛赞。足见单永安是受诗法于高密诗派的正统传人。孙凤云长期学诗于单永安，亦可谓高密诗派的嫡传。孙凤云的好友李凤冈亦指出："孙君瑞庭，吾契友也，性耽吟咏，受诗法于单子春桥，朝夕讲论二十余载，一步一趋，规规于石桐准绳之中。"（《耕读堂诗集叙》）石桐正是李怀民之号。

不仅是孙凤云，他的同邑友人也深受高密诗派的影响，熟知《中

① 单步青：《春桥遗诗叙》，山东文献集成编纂委员会编：《山东文献集成》第三辑，山东大学出版社 2010 年版，第 419 页。

晚唐诗主客图》等高密诗派经典著作。例如，李凤冈所作《耕读堂诗集叙》中即云“吾乡李石桐先生虑学者入德无门，乃溯其源流，别其支派。古诗以陶、韦、韩、孟为主，律诗以张水部、贾长江为宗”，精要介绍了《主客图》的内容。再如，《耕读堂诗集》中，王广微在《纪旱》诗后批注“字字精炼，是学《主客图》下卷”，《赠卓亭侄》后批注“直是一首石桐先生诗，五六淡句亦似”，《送友人游潮州》后又批注“直是一首《主客图》诗，置之古人集中，吾无以辨”。以上都说明王广微同样对李怀民的诗风和《主客图》的内容充分了解且认同。即使是崂山道士，似乎也听闻了《主客图》的存在。《游崂续纪》中记载，数峰道人与孙凤云谈诗时曾说：“闻贵邑李少鹤先生著有《中晚唐诗主客图选本》，至今南北诗人奉为圭臬，惜未之见也。”这反映出高密诗派的理论似乎在当时传播广泛。

《耕读堂集》收录的诗歌，其思想主张和写作风格也同高密诗派高度契合。一方面，孙凤云反感世俗名利，在诗作中多次表达自己安贫乐道的生活状态和对高洁人格的追求。如《赠李立亭》中“肯为流俗染，傲骨自嶙峋”，《雪霁晚眺》中“由来耽冷味，合与素心期”，《偶成》中“素性耽闲寂，何须逐世忙”等，大量诗句都反映出类似的出世追求，这与高密诗派主张的“至大至刚，绝不枉道从势的耿介人格”“淡泊名利、粪土王侯”的高洁之志①相当符合。

另一方面，孙凤云也继承了高密诗派的传统，有强烈的入世关怀。这种关怀是多方面的。首先，高密派诗人“古道热肠”“仁心待民”，“同情百姓，具有朴素的民本思想”②的特点在孙凤云诗作中有大量体现。例如，《田父辞》一诗生动描绘了农民在自然灾害、苛捐杂税的重压下的悲惨生活，“比岁辛苦叹无年，官家犹限催科钱”“堪叹十室八九空，飕飕四壁生寒风”等句抒发了对贫苦农民的深切怜悯、

① 宫泉久：《清代高密派诗学研究》，人民出版社2012年版，第118页。

② 同上，第30页。

对苛政的强烈谴责。再如《猛虎行》则以残暴嗜杀的猛虎寓指鱼肉百姓的官吏，末句“安得驱入鼎镬烹，遍赐生民一杯羹”真切表现出对贪官污吏的痛恨和对百姓的同情。孙凤云也传承了高密派诗人“忠君爱民，对社会人生深切关注”[①]的传统。面对清末强邻环伺、社会动荡、政府软弱无能的境况，孙凤云作诗针砭时弊，抨击腐败卖国的官吏，褒扬镇压暴乱、抵抗侵略的大臣和将领。如《海疆吟》中怒斥屈辱求和的官吏“临事皆缩头，尊人甘自贬”，不能有效抵抗外国侵略者；而对于保障社会安定的“中兴诸公”，则盛赞其“治术精通遵旧典，军机神妙化新奇”(《慨世怀丰治年间中兴诸公》)。

除了对百姓的同情和时局的关注，高密诗派重视诗歌“名教化，敦人伦”[②]功用的特点也在孙凤云作品中得以体现。在孙凤云的眼中，他生活的时代社会风气愈发浮薄。于是他在一些诗作即借助对自然灾害的描写，劝说人们遵循儒家伦理道德。例如《己卯岁四月念五日午后大风雷雨》先描绘遭遇“冰雹霹雳”灾害的惨状，然后指出“颓风日趋时俗浇，灾害无常人自招。安得郑声变箫韶，群生庶免难逭条”，呼吁纠正社会的不良风气。同时，随着晚清时期列强侵华不断加剧，“洋教”势力扩张，民谣道“不下雨，地发干，全是教堂遮住天”，[③]在此环境下，传统儒家文化更受到严重冲击。孙凤云以弘扬正统儒家学说为己任，写作了不少诗文。这方面最明显的当属《圣教歌》，诗中作者感叹儒家道统传承千年如照世明珠，斥责人们为利益改信异教，并呼喊道“莫谓从此纲常绝，罪大终难逭天诛”，其愤怒可想而知。另外，他严格要求子孙认真学习儒家经典，“闲时展书读，惟恐愧周程”(《诫墀儿兼示孙男金铭兄弟》)，以提高定力、抵制邪说侵扰，也可见他对儒家学说传承的重视。

---

① 宫泉久:《清代高密派诗学研究》,第 82 页。

② 同上,第 26 页。

③ 翦伯赞主编:《中国史纲要》,北京大学出版社 2006 年版,第 666 页。

从写作风格的方面看，孙凤云及其师单永安似乎也接受了高密诗派“不合于众，超出流俗”①的主张，往往意境清幽孤僻、静谧淡雅，有向张籍、贾岛学习的明显痕迹。孙凤云就赞美单永安“贾张千载后，衣钵受传真”（《哭春桥先生》），对其诗作又有“字字雪霜寒，如今谁喜看”（《题春桥先生诗卷后》）的评价，正与李怀民所强调的“时人个个说好，断无佳境”②相呼应。而孙凤云的风格似乎与其师一脉相承，皆以张、贾为宗。如《园居》诗：

爱此清幽处，凭高别起台。
每当临水坐，只为看山来。
尽日门常掩，无人花自开。
萧条林下意，石径长莓苔。

这首诗描绘了作者的幽居生活、临水看山的闲情逸致，语言平易而意境颇为清寒，与张籍的风格接近，王广微便批注道“水部家法”。再如《岁暮感怀》：

愁怀当岁暮，触次亦无端。
半世行将过，一年看又残。
檐冰垂欲堕，庭雪敛犹寒。
日夜耽吟久，方知此道难。

诗后也有批注“贾诗只是一味冷峭，不知何故人犹嗜之，岂非性近”。孙凤云在《寻乐并引》诗中自述云“平生诗癖爱晚唐，孤僻冷峭

① 宫泉久：《清代高密派诗学研究》，第44页。

② （清）李怀民：《紫荆书屋诗话·与某论诗》，山东文献集成编纂委员会编：《山东文献集成》第三辑，山东大学出版社2010年版，第81页。

喜贾岛”。张籍、贾岛是高密诗派最为推崇的两位诗人，李怀民《主客图》将张籍列为清真雅正派之主，将贾岛列为清真僻苦派之主。孙凤云、单永安的诗学主张和诗歌风格正与高密诗派一脉相承，是高密诗派在晚清高密地域依然保持着强大影响的有力证明。

客观地说，孙凤云及其认可高密派理论的师友似乎都无官职，属于社会地位较低的下层文人，其中还有如崂山道士的方外之人。然而正因如此，恰好说明当时高密诗派的理论是广泛传播、深入社会基层的。

另外，《游崂续纪》中也有部分内容涉及高密诗派的理论和高密三李的著作，可为高密诗派研究提供新材料，这一点详见下文。

三、《辛丁纪乱册》与捻军暴动

《辛丁纪乱册》的史料价值很高。孙凤云在其中完整记述了咸丰辛酉年(1861)和同治丁卯年(1867)捻军两次经过高密时的情况，记录了高密的城防建设、难民处置、战争破坏，描绘了作者目睹或听闻的城外战况、捻军情况，还有对于当时误杀难民和官军扰民的记载。由于孙凤云是这些事件的亲历者，他的描述应当有较高的可信度，且往往较官方正史更为细致，或许可弥补其缺漏，为研究捻军史、高密县历史和晚清地方管理、作战方式等提供新的材料和线索。

孙凤云在咸丰十一年辛酉捻军进入高密之前已经躲进高密县城避难，因此他目睹了高密的城防建设和相关布置，《辛丁纪乱册》中对此记载非常细致。根据孙凤云的记载，咸丰辛酉年捻军逼近时，高密已是“城坏仅如垒，池深不及沟”(《同治壬戌春偶与春桥先生小酌言及前事凄怆悲恻先生感作五古以志去岁之乱》)，人心惶惶。绅士单为钰“首破群疑，定坚守之约”，并联合若干绅士请县令文熙倡议捐资募勇，巩固城防，安定了人心；此后又积极组织修缮城墙、制造武器弹药，以致积劳成疾而亡。同治六年丁卯捻军再度进入山东境内时，县令林公溥又召集若干绅士布置城防，由绅士高业伟等负责组织。这次布置明显更加周密，书中详细记载道："每垛一兵、一火枪，五垛一旗、一抬炮，十垛一小炮、一士统之，五十垛一大炮、一大旗，一绅统之。设七局于城上，以备分拨调遣。"由这些记载，不但可以一窥当时的城防建设，而且，从单为钰、高业伟等领导城防工作，也可看出绅士在地方事务中发挥的重要作用。

误杀难民是《辛丁纪乱册》另一处值得关注的记载。咸丰十一年二月二十六日，作者记述道：

> 时各处庄村，团练自卫。安、潍两县难民逃至者，被乡团误认为贼，杀害不可胜记。袁戈庄后，有河崖村，驱难民若干，坑之。夏庄北头李家村，缚难民若干，以大炮轰之。即墨县一长随，带勇数名，赴高密打探，过张洛大屯，被乡团乱刃戳死。安丘曹孝廉之子某，携乡邻数十人，逃至胶州，被获，幸州尊、前署高密之张公廷扬明断仁慈，讯明系狱，后乃释归。……夫若而人者，不死于贼，而死于乡民之手，岂其中尽恶人当诛耶？抑虽有善人，在劫不可逃耶？福善祸淫之说，吾欲搔首问青天矣。

孙凤云详细描述了多起难民逃至异乡，遭当地乡勇屠杀的惨案，令人扼腕痛心。当时社会之混乱动荡，可见一斑。由于孙凤云距离上述地点较近，又是同时代的人，因此这些记载应当较为可靠，是研究高密县史较为珍贵的材料。

《辛丁纪乱册》中也有一些关于兵器与作战细节的描写，对于推测当时的作战方式很有价值。不难发现，枪炮等火器在当时似乎已得到广泛应用。除上文所引，守城兵有火枪、抬炮、小炮、大炮等武器外，文中还能见到"并公局抬炮数十杆，车载而归""路过景芝镇，守堡者误认为贼，炮伤数兵""令男子持枪架炮"等多处记载，可见当时枪炮等火器已经得到普及，以至县城甚至村堡都有所装备。但性能似乎欠佳，以致冷兵器仍有一定市场。据文中记载，尽先外委徐凤林以弓箭射杀两名敌军，甚至还有一乡勇拔出路旁巨椿击退敌人。因此，火器与冷兵器混用，应当是当时地方军队的作战方式。

《辛丁纪乱册》还记载了捻军的一些相关情况。除了行军路线，还有捻军的军容军貌，如“贼无鼓角，截竹为号。千百齐吹，闻者丧胆”“分队而入，披发狞面，势如虎狼，形似鬼怪，赭衣红裳”。一些记载反映了捻军内部也存在不和，并非如当今一些史书所言，绝对团结一致。例如记载捻军分为黑旗、黄旗两大股，黄旗捻军常受黑旗捻军的压制，甚至出现当黑旗捻军到达济南时，黄旗捻军向胶州躲避的情况。这可能是捻军内部出现派系争斗，甚至出现分裂的证据。

对于地方官吏的腐败无能、官军的纪律涣散，《辛丁纪乱册》有更多记载和揭露。作者谴责高密县令文熙不敢开炮以致关厢遭到捻军焚毁，并记录了文熙没收难民物品、私吞捻军过后遗留的财物、私自运走县城抬炮等诸多恶行。同治丁卯年捻军再次过境时，作者对于丁宝桢率领的官军破坏财物、骚扰平民等现象，也如实记载：五月二十七日，“丁抚平字营过高密，官宿娼里，兵踞民房”；六月初四日，丁宝桢军“午至高密，驻营关厢，门窗器具，残毁殆尽”；初六日丁军“回驻胶州之麻湾，居民居，食民食，役其丁壮，渔其妇女。统兵官不惟不能节制，而且同恶相济，闻者莫不切齿”；初七日“各营兵无日不进城骚扰，特殊于捻匪不杀人耳”等。对此，作者感慨道：

> 吾谓贼之害民，私也，人人得扑而诛之；兵之害民，公也，以公挟私，谁得而扑之而诛之？其害较之捻匪，殆有甚焉，痛哉！

这是亲历者对于清政府官吏和军队劣迹的揭露，尤见沉痛郁愤之情。

《辛丁纪乱册》也记载了捻军烧杀抢掠的事实。如“梓潼庙后，集难民数百，被贼驱入姜家屋内，纵火焚之”“贼率大队围矮沟，杀伤三十余人”等，可见捻军除抵抗官军外，也犯下了较多屠杀平民、毁坏村庄等暴行。同时,根据作者记载,高密等地平民对于捻军并无拥护之意,相反充满恐惧,纷纷奔逃躲避,例如"密人大恐,皆言贼至必攻城""安、潍两县难民,扶老挟幼,千百成群,踉跄东窜"等。一些当代历史读物偏重于描述捻军起义的历史功绩和群众对他们的热情支持,对于其不光彩的一面则数笔带过。《辛丁纪乱册》或许也提示我们,对于捻军史的研究,也不应忽略其造成的破坏。

另外,《辛丁纪乱册》文末附有孙凤云所作《僧王殉难战状》(亦收入《耕读堂文集》),对于僧格林沁战死的高楼寨之战有较详细的描述,且与当代郭豫明所著《捻军史》记载有所不同。例如,《捻军史》记载"僧军中路常星阿等马队首先败退,西路陈国瑞率部仍恃勇深入,被中路与西路的新捻军围裹猛攻……东路竭力抗拒,该路新捻军后退约四五里,随即汇集诸路新捻军合围猛追",[①]而《僧王殉难战状》则描述,是陈国瑞率领的左路军先行退却,中路军勇猛抵抗,而随后常星阿的右路军也招架不住,使得中路军遭到包围。另外,记载中有"王堕马,遂遇害",这就反驳了僧格林沁自杀的说法。当然,孙凤云这段记载的准确性有待考证,但应当也可作为关于僧格林沁之死的一种说法。

四、《耕读堂诗集》《文集》中的时事反映

《耕读堂诗集》和《耕读堂文集》中,也有不少作品与时局有关,如列强侵华、修建铁路、传教等活动,以及科举制的废除和辛亥革命等。孙凤云关于时局的评论,反映出晚清传统士人在社会巨变背景下的思想状态。

《耕读堂集》中一些诗文涉及列强侵略。《哀濠民》一诗的创作背景就是孙文及其领导的农民武装反抗德国人强占土地修筑铁路的事件。《吊李义士文》则记载了光绪戊戌年(1898)德军进犯山东时一位

---

① 郭豫明:《捻军史》,上海人民出版社 2001 年版,第 368—369 页。

刺杀敌兵的平民事迹。《赠善雨田》则记载了光绪己亥年(1899)侵略者占据高密县城,逼索数千两白银方才离去。《壬寅人日古城登高书感》中“去岁痛被强虏据,四面皆插营垣标”以及《丙午元旦书感》中“夷氛捻燹屡惊传,家室扰攘苦播迁”则可视为对八国联军侵华的指控。

在上述事件中,孙凤云虽然对侵略者表示痛恨,但主要还是在抨击清政府的软弱卖国。《哀濠民》诗中描述清军乘胜打劫周围村庄,俘虏安善良民,并痛斥“奸邪卖国通逆贼,官军反为贼驱使”,再如《海疆吟》中以“是谁阴揖盗,鱼肉资狼啖”指出官吏卖国求和是国家屡遭侵略的根源。《壬寅人日古城登高书感》中更有“彼何人斯主和约,卖国翻说慎邦交。赂纳洋款四百兆,金多无措加征徭”,斥责签订《辛丑条约》纯属卖国举动,为百姓徒增负担。对于西方事物,他抱有怀疑态度,如《火车》中有“一旦潜师入,猝然难解围”,较为反对修筑铁路。可见,孙凤云对于列强侵略是主张坚决抵抗的,并谴责主政者的无能与软弱,但他对于西方似乎并不了解,仍抱有传统的华夷观念。在御侮方略上,他仍认为“国家若有人,岂畏敌侵犯”(《海疆吟》),贤臣良将与清明政治是治本之策,完全没有认识到国家的近代化对于抵抗侵略的必要性。这可能不仅是孙凤云的观点,也是当时社会对列强侵略局面的一种普遍看法,反映出晚清时期新思想对于基层的影响力实际是有限的。

还有部分诗作表达对晚清新政和辛亥革命的抨击,这可能是置身“千古未有之变局”的传统知识分子思想观念的真实反映,因而也具有较高史料价值。孙凤云思想保守,对于停科举、办新式学堂等举措,完全不能接受,反复发出“崇邪黜圣教,闻者尽悲伤”(《查私学》)、“士气未散心未离,何必置之王化外”(《忧愤》)的悲鸣与抗议。而《辛亥秋水叹》则更清晰地表达了对新政的痛恨:

小人得志布新政，新政殃民民疲病。
茫茫大劫卷地来，桃源无路难逃命。
秋雨积潦水连天，家室漂荡如风船。
新麦旧谷沉巨浸，残丝败絮随波澜。
老夫呼天天不应，空对妻孥衰泪迸。
安得春回蛰龙飞，坐看雷霆诛奸佞。

首两句即指明，推行新政者是得志小人，新政纯属祸国殃民的虐政。中间数句均描写洪灾泛滥、粮食遭毁、人民颠沛流离的惨状，以此力图证明新政荒唐，遭致天谴。末两句则直指维新派是“奸佞”，并希望他们遭到诛灭，足见作者抵制新政态度之坚决。

对于辛亥革命，作者则有《辛亥纪乱》一诗：

时当冬腊寒，雪夜苦颠连。
劫掠到官署，摧残遍市廛。
星光飞杀气，晓色带烽烟。
不幸生斯世，遭逢悲暮年。

诗中完全不见革命党人推翻封建王朝的喜悦。正相反，在他眼中革命是一场杀气遍布的叛乱，给平民的生活造成极大痛苦。最后还悲叹自己生不逢时，暮年遭遇如此变乱，全诗情感悲凉沉痛。另有《辛亥冬自书诗集后》一诗，更明确地表达自己对辛亥革命的立场：

陶公避世永初时，甲子还书晋义熙。
此道从今应绝笔，集中难入伪朝诗。

作者视新建的民国为“伪朝”，以忠晋耻宋的陶渊明自比，清亡后拒绝继续作诗。事实上，此诗也确实是集中的最后一首。从上引数诗可以看出，孙凤云坚守儒家纲常伦理，视清为正统并效忠之。他对革命一无所知，坚持“一臣不事二主”的传统忠君观念，哀悼清的灭亡，拒绝承认民国。这固然可以反映出其思想的保守顽固，但也要考虑到孙凤云的态度在当时基层士人特别是山东基层士人中间，可能是较为普遍的现象。这又从另一方面暗示出维新和革命的宣传还不够深入，中国社会的彻底改造最终还需要新民主主义革命来完成。

五、《游崂纪合编》的文献价值

孙凤云于光绪己丑(1889)年初夏和秋季两次前往崂山游览，第一次游览时间是四月四日至二十五日，有二十一天。第二次浏览时间是十月初八日至十一月廿日，更达四十二天之久，几乎游遍崂山大小景点。《游崂纪合编》即为孙凤云的崂山游记，记载详细入微，尤其对游览的路线记录详实细密，各地地名和相隔方位距离都加以注明，如“十一日，由九水庵转北，五里过王子砚村名。……五里至官老石屋村名。又里许，至太和观，即北九水……”这对于清代崂山地区地名考证有较大价值。游记中对于道观寺庙建筑特点和沿途景色也多有详细描绘，如以下二则：

> (四月)十九日，早起游山。庙门震向。入门，客舍两处，南北相对。转西，又石级数十层，为二进山门。转北，正山门南向，额题“其尊无对”四字。正北有一巨洞，其形如鼋，极宽亮。内供玉皇神像，额镌“白云洞”三字。洞上覆古松一株，偃枝曲干，如张圆盖。后临大涧，涧北一峰，蔚然秀拔，名“玄武石”。东一石，名“青龙石”。石缝中生银杏一株，干矮枝耸，形极古致。西一石，名“白虎石”。顶建道房，下有小洞。山门外一石，名“朱雀石”。南为厨舍，下临大涧。由厨舍以西，连磴而下，转东一洞，名“普照洞”，仙人羽化处。夹北客舍，有二石，西为菩萨洞，东为笔锋石。庙外，东有二仙山，山腰有石洞草庵，内供神像，竹树皆

幽。又有龟石、卧象石。后有天门峰。山西为八门峰。盖白云洞多奇峰怪石、古木修竹,在二崂为第一清绝幽深仙境。余盘桓久之。……

(十月)十七日,仍由乌喇涧、七口峪东北行。是日,西风初霁,天气明朗。一路红叶,满山丹枫,夺目艳丽,不减春花。口号云:"霜林浓艳胜春花,一路丹枫逗晚霞。日暮欲投何处宿,数声清磬道人家。"遥望大劳观,深藏红树中。泠泠清磬,自竹林透出。观,远抱大山,近环九水,麦陇薯田,膏土沃壤,为二崂第一宽扩道场。……

四月十九日所记为游白云洞时所记,宫观环境及特点历历在目;十月十七日为寻胜九水途中所记,风景如画,且佐之以诗(以诗助游为孙凤云《游崂纪合编》重要特色之一),愈觉美不胜收。这些记载显然可为研究清代崂山地区寺庙建筑形制和自然风景提供方便。

前文曾提及清人黄肇崿编著的《崂山续志》收录了《游崂纪略》《游崂续纪》(即《游崂纪合编》)。但是,对照孙凤云原文,可发现《崂山续志》所收录的《游崂纪略》《游崂续纪》与原稿有若干不同之处。这是由于黄肇崿在编《崂山续志》过程中对原文进行了删改(孙凤云有《黄仪山先生惠削〈游劳记〉寄汉瓦砚以谢之》一诗为证),遗漏了不少有用的信息。相比删改版,《游崂纪合编》原稿显然文献价值更高,甚至可以纠正《崂山续志》收录版本的一些错误。例如,《崂山续志》中《游崂纪略》"十三日"的内容,有"……是为'玄真洞',额镌'重建玄真',吸将乌兔口中吞"[①]一句,显然语句不通。查原文,可知应为"……名'玄真洞',额镌'重建玄真吸将乌兔口中吞'十一大字可辨"。很明显,黄肇崿为简洁,删除"十一大字可辨",这就造成了错误。一

① (清)黄肇崿:《崂山续志》,即墨市史志办公室点校,山东省地图出版社2008年版,第37页。

是导致文意难以理解，使点校者标点失误；二是改变了原意，原意是“以上十一个大字尚可辨认”，删后则变为“镌刻的就是以上十一个大字”了，显然含义是不同的。

《游崂纪合编》中保存了不少关于崂山的诗文著述，有的今日已不见流传。例如，《游崂续纪》“初五日”的记载中，孙凤云在白云洞，发现“客堂有元和县陆殿撰润庠来督学山东，为尹琅若书《白云洞观海市记》一篇”，遂将其全文抄录。在《崂山续志》收录的版本中，这篇文章的内容被黄肇嵈删除。抗日战争时期，白云洞藏尹琳基《白云洞观海市记》被日军焚毁，[①]至今似乎只有周至元编《崂山志》中收录的版本传世。[②] 然而，这个版本有较多删节，较孙凤云所录缺少“陈君谓余曰”至“陈君笑而不答”的大段内容，几乎占到原文篇幅的一半。因此，《崂山续志》中收录的《白云洞观海市记》似乎能弥补现有文献的缺漏，具有较高的文献价值。

《游崂续纪》所载孙凤云与数峰道人论诗的内容也是该书文献价值较高之处，其中关于高密诗派的一些资料尤其珍贵。光绪己丑年十一月初一日，孙凤云“在子鹤（数峰道人）道房，啜茗清谈”。数峰道人向孙凤云询问《中晚唐诗主客图选本》，孙凤云的回答如下：

> 《主客图》有二：律以张水部为清真雅正派主，下分入室、升堂、及门三等之客；以贾长江为清奇僻苦派主，下分入室、升堂、及门三等之客。学诗者，各随性之所近入之，此初学入德之门也。《古主客图选本》，五古以陶渊明为主，而以韦苏州、王右丞、孟襄阳、储光羲、柳子厚为客。七古以韩昌黎为主，而以孟东野、苏东坡、陆放翁为客。大抵所论，与渔洋略同。又逐字逐句，详

---

① 李知生：《抗战时期崂山白云洞遭劫始末》，青岛市情网，http://qdsq.qingdao.gov.cn/n15752132/n20546576/n31520491/n31520576/151215200523011000.html

② 周志元编：《崂山志》，齐鲁书社，1993 年版，第 274 页。

加评骘。细读诸诗，便有意会耳。

当今学界一般认为高密诗派较重视五言近体，李氏《主客图》也仅指讲论五言近体的《中晚唐诗主客图》。然而《游崂续纪》则清晰地表明，李氏还另有《古主客图选本》。尽管这部著作今日已难窥全貌，但从孙凤云的描述中仍可略窥梗概。《古主客图选本》中不但选讲了陶渊明、韦应物、王维、孟浩然、储光羲、柳子厚六位诗人的五古诗，还选讲了韩愈、孟郊、苏轼、陆游四位诗人的七古诗，并都划分了主客。由此可见高密诗派不仅重视五言近体，对于古体诗是同样重视的。前些年，关于高密诗派的抄本《晋唐六家五言诗选》曾现身于世，推进了高密诗派的相关研究，从有关介绍看，该书“所选为晋陶潜，唐朝韦应物、王维、孟浩然、储广羲、柳宗元六家五言古体诗共一百八十五首”，[①]与孙凤云所言“五古以陶渊明为主，而以韦苏州、王右丞、孟襄阳、储光羲、柳子厚为客”正相契合，由此似可进一步推测，《晋唐六家五言诗选》不过是高密诗派《古主客图选本》的一部分内容，另一部分内容，当是至今尚未现世的关于韩愈、孟郊、苏轼、陆游四位诗人的七古选本。根据孙凤云的描述，可以认为，古体诗方面高密诗派重视五古，也并不轻视七古。对高密诗派诗学理论的认识，还有较大的开掘空间。

在十一月初一日的论艺中，孙凤云还讲述了李宪乔如何批注《古诗十九首》，进一步证明了高密诗派对古体诗的重视：“《十九首》，不知始于何人……少鹤先生论之甚悉，又引证六朝唐宋以来诗人拟作，反覆推阐，以发其奥邃。”他以《行行重行行》一诗举例，诗中和诗后有李宪乔、李诒经的批注讲解，还附上了陆机、刘铄、李白、白居易的拟作，也各有评注。孙凤云最后还说“惜全本已遗，不能备述”，可见，李宪乔等应当有专门讲解《古诗十九首》及后人拟作的著作，可惜今不

① 刘乾：《高密诗派抄本〈晋唐六家五言诗选〉》，《文物》1981 年第 10 期。

可见。幸得有孙凤云的记述，我们可对之领略一二。

讲述《古诗十九首》后，孙凤云又评论了袁枚，并引述李宪乔致李秉礼的一封书信："然李少鹤《南游笔记》寄李松圃一札云：'仓山《诗话》，翻阅一过，多见势利浮薄。才翁一生底里，全为败露。惜哉！亡是可也……松圃以为何如？'"信中明显表现出李宪乔对袁枚《仓山诗话》的反感。由于这封书信并非寄给袁枚，其对袁枚态度应当较为真实。有学者曾指出"李宪乔对袁枚深怀景仰之情，颇有一见如故、相见恨晚的意味"，[①]这种观点未必全面，李宪乔的这封书信至少透漏出他对袁枚看法的另外一面。同时，李宪乔《南游笔记》似亦失传，这封书信则因载入《游崂续纪》得以保存。因此，《游崂纪合编》对于高密诗派的诗学理论、高密"三李"的著作，亦可起到重要的文献拾遗作用。

六、整理说明

《耕读堂集》可谓晚清知识分子孙凤云一生的心血。它收录的作品跨越晚清的最后半个世纪，类型多样，内容丰富。既包括和平年代的寄情山水、吟诗唱和，也包括战乱时节的炮火纷飞、颠沛流离，还包含面对"千古未有之变局"，一个坚守儒家伦理观念的传统士人的悲鸣。它不仅生动反映了晚清基层的传统知识分子的思想观念和生活状态，而且使我们饱览了崂山等自然山水的神奇美丽；它不仅可以补佚文献、帮助我们深化对高密诗派的认识，而且可以为我们探究捻军暴动和晚清历史，提供重要的资料依据。《耕读堂集》所蕴含的丰富学术价值，值得我们将之整理出来。

此次整理，即以中国社会科学院文学研究所藏《耕读堂集》为底本，并据《丛刊》体例改名为《孙凤云集》。原书有部分眉批、旁批和尾

---

① 石玲：《袁枚与高密派：乾隆时期诗学流派的交融与分野》，《文艺研究》2004年第6期。

批，为观览方便计，凡尾批皆照录于诗后，并标以【尾批】以别之；诗后尾批有两条以上者，中间以“/”分开；为不影响诗意文脉，凡旁批、眉批，皆不插入诗文之中，而移于页下注，并标明旁批、眉批对应之文字；原书有较多朱笔和墨笔圈点，细辨笔迹，当是先有朱笔圈点，后有墨笔再加圈点，凡此之处，仅在涉及有旁批或眉批文字时指出系何句有圈点，其他仅有圈点未有批语者不作说明，以省篇幅；原书有不少钤印，亦移于页下注中释读之。

限于学力，整理者难免疏漏之处，敬请读者批评指正。

耕读堂诗集[①]

同邑单永安春桥选评
高密孙凤云瑞庭氏著
同邑王广微静岩批阅
男墀、孙男金铭、金镶、金铸校订

卷一　自咸丰辛酉至同治庚午
　古今体诗七十四首
卷二　自同治辛未至光绪辛巳
　古今体诗七十三首
卷三　自光绪壬午至光绪乙未
　古今体诗六十九首
卷四　自光绪丙申至光绪癸卯
　古今体诗七十首
卷五　自光绪甲辰至光绪戊申
　古今体诗八十首
卷六　自宣统己酉至宣统辛亥
　古今体诗四十三首[②]

---

① 原书封面有草书题签“耕读堂诗集”，下署“半翁自题”，右下一白文印“清白家世”；左下两印，一印白文“凤云印”，一印朱文“半楼”。

② 原书下钤白文印“半翁”。

叙[1]

诗自《三百篇》一变而为《离骚》，再变而为《十九首》，延及六朝唐宋则数变矣。然总出以性情之正，范以格法之清。吾乡李石桐先生虑学者入德无门，乃溯其源流，别其支派。古诗以陶、韦、韩、孟为主，律诗以张水部、贾长江为宗。与其弟少鹤先生骚坛主盟，独树一帜。一时门下士若王直庵、李五星、王丹柱、单子固、宋步武诸老皆以诗鸣海内。孙君瑞庭，吾契友也，性耽吟咏，受诗法于单子春桥，朝夕讲论二十余载，一步一趋，规规于石桐准绳之中。所得诗若干首，分为上下两卷。春桥选评，颜曰"耕读堂诗集"。王静岩复详加点订，乃成善本。余常过从，取而读之，不禁叹曰："高山仰止，景行行止。虽不能至，心向往之。"瑞庭于石桐，未得亲炙门墙，而私淑功深，与亲炙者相较，亦可步其后尘矣。余不知诗，而爱瑞庭之诗，是为叙。

光绪辛丑秋，立亭李凤冈书，时年八十有一。[2]

---

① 原书下钤三印，一朱文印"中国科学院文学研究所藏书"，一白文印"字余瑞庭"，一白文印"孙凤云印"。

② 原书下钤朱文印"立亭"。

卷之一①

南匪围城

海内烽烟起，群生祸覆盆。
共传众乌合，到此忽蜂屯。②
戎马连山岳，旌旗蔽野原。
更怜城外苦，掳掠几人存。

【尾批】非亲阅历者不能道得只字。

妖氛远近知，城上列全师。
落日锁寒垒，阴风吹大旗。③
血痕留断草，磷火照荒陂。
最怯五更后，愁听鼓角悲。

【尾批】阴惨，发难显之景。

两月严城闭，直如罹网罗。
死生分旦夕，疾病尚奔波。④

---

① 原书诗集第一册自此始，下钤三印，一朱文印“中国科学院文学研究所藏书”，一朱文印“半楼”，一白文印“凤云印”。

② “共传众乌合，到此忽蜂屯”两句有朱笔、墨笔先后圈点，旁有墨批：“至理无人道得出。”

③ “阴风吹大旗”五字有朱笔、墨笔先后圈点，旁有墨批：“悲壮。”

④ “死生分旦夕，疾病尚奔波”两句有朱笔、墨笔先后圈点，旁有墨批：“凄厉之音，包尽离乱之苦。”

处处愁闻角，人人苦枕戈。
凭谁韬略展，尽扫此妖魔。

【尾批】三四理足情足，自是好句。

贼退还家

境内妖氛退，居民犹枕戈。
破庐烟火少，深巷哭声多。①
书剑埋灰烬，轩窗压毁柯。
逢人新被虏，贼信问如何。

【尾批】过时读之，令人落泪。

一炬成焦土，空堆满院灰。
到门无径入，行处使人猜。
僻巷约邻至，深宵疑鬼来。②
几家丁壮少，被虏未曾回。

【尾批】中四句真写得尔时景象出。

寇退野望

马迹乱平冈，山河成战场。
髑髅纷旷野，灰烬黯残阳。

① “深巷哭声多”五字有朱笔、墨笔先后圈点，旁有墨批：“沉痛。”
② “深宵疑鬼来”五字有朱笔、墨笔先后圈点，旁有墨批：“阴惨。”

老树挺枯干，孤村矗废墙。
寒烟荒碛暮，新鬼吊苍茫。

乱后闲居

何事遭天谴，余生尚不知。
颓垣黏血迹，枯树断烧枝。
村舍筑成堡，儿童学剪旗。①
自悲还自叹，搔首问兴衰。

【尾批】真景实事，故愈浅愈警。所谓点点滴雨，都落在学士眼里也。

幽居

敛迹衡门下，悠悠远世情。
不缘景物改，那知岁月更。
青山忽已暝，坐见远云生。②
孤吟吟未已，好鸟向我鸣。
夕阳返深巷，虚室湛空明。③
既无得与失，何关辱与荣。
此中有真乐，浊酒还当倾。

【尾批】得陶之神。/今人言五古不可有律句，然昔贤诗亦有多律句者。诗本天籁，俗子何足知此。

---

① “儿童学剪旗”五字有朱笔、墨笔先后圈点，旁有墨批：“失笑，令人雪涕。”
② “青山忽已暝，坐见远云生”有朱笔、墨笔先后圈点，旁有墨批：“超逸。”
③ “夕阳返深巷，虚室湛空明”有朱笔、墨笔先后圈点，旁有墨批：“清迥。”

田家辞

小园七八亩，结屋临溪口。
园中种桑麻，墙外植榆柳。
杂以花药畦，秋菘与春韭。
日暮荷锄归，闲闲会邻友。
值此农务劳，舒困莫如酒。
盘杯无次第，快谈心所有。
若论求名利，十事遗八九。
且作太平民，毕生朴素守。
田家爱夙兴，炊烟原野平。
阴阴绿杨中，几树杏花明。[①]
日出雾气散，好鸟绕舍鸣。
野老三二人，呼我出柴荆。
各言农务急，依依桑麻情。
岂不惜筋力，八口赖此生。
相与荷箪瓢，南亩饷春耕。

【尾批】以陶字写陶意，可为善于规仿。

南园修屋感而有作

为爱南圃林塘幽，春花秋月相优游。
忆昔先子结茅舍，晨夕闲课耕西畴。
自从南逆肆焚掠，空余四壁难藏头。

① “阴阴绿杨中，几树杏花明”有朱笔、墨笔先后圈点，旁有墨批：“朴拙处深得陶意。”另“依依桑麻情”句亦有朱笔、墨笔先后圈点。

今春幸赖年丰稔，缮葺聊补风雨愁。
移植佳卉绕砌发，修篁过雨笋初抽。
呼僮扫地拂簟坐，快然直若登高楼。
长陵胜景遥相对，历历云树望中收。
回看万家排鳞瓦，城郭参差枕清流。
人生若不逞妄想，寄迹何处无沧洲。
钟鼎山林各有志，蟪蛄亦足知春秋。
自恨潦倒十余载，埋头不出如羁囚。
白玉之玷磨难尽，往事何堪复追求。
寄语后来年少客，良辰辜负将谁尤。

秋夕感怀

冬冬暮鼓起山城，兀坐空堂欲二更。
明月出云排闼入，清风梳竹绕窗鸣。
也知涉世无长策，只合吟诗老此生。
独怪阶前荒草际，乱蛩苦作不平声。

题文亭张表兄别业

三间茅屋护篱笆，柳陌槐阴一径斜。
当户流泉沉夜月，隔墙长岭落朝霞。
居邻梅坞高人宅，地接蜗庐隐士家。
最是城边幽静处，客来闲坐话桑麻。

赠李立亭

古貌又古心，怜君情性真。

一生惟好静，半世只安贫。①
刺不通豪客，门多到逸人。
肯为流俗染，傲骨自嶙峋。

【尾批】字字老当，笔亦写得出。

春日野游

渐暖气舒畅，春光满野原。
桥通花外寺，柳荫水边村。
芳草碧无际，远山青到根。②
行行多逸兴，日色喜和温。

过田家

隔城三二里，近水有田家。
篱角垂荒蔓，墙头开野花。
夕阳归乳犊，古木叫寒鸦。
都说今年稔，村醪贱可赊。

谒僧王庙

咸丰十一年辛酉，国家忽有跳梁丑。
纷纷烽烟起南州，江淮名区皆失守。
贼初羽翼未长成，素餐尸位失申明。

---

① “一生惟好静，半世只安贫”有朱笔、墨笔先后圈点，旁有墨批：“确是立亭身分。”

② “桥通花外寺，柳荫水边村。芳草碧无际，远山青到根”有朱笔、墨笔先后圈点，旁有墨批：“好句。”

一旦养成虎狼势，汹汹异类勤天兵。①
海岛三郡神仙府，累世不曾闻鼙鼓。
不幸刀兵苦连年，寸田尺地成焦土。
吾王仗剑誓削平，聊解倒悬苏苦氓。
江淮滔滔血水染，三年复有太平声。
一朝长星忽西坠，万民掩面皆挥泪。
海内考妣同心伤，再拜登堂设虚位。
昔在生前上疏时，先扫南匪后西夷。
南匪未灭身先殉，使我生民涕涟洏。②

【尾批】通首字句老当，有咏史之才。

赠隐者

白首掩荆扉，茅斋隐翠微。
出门向山去，采药与僧归。③
邻里皆学稼，家人初饱薇。
何年脱世网，到此息尘机。

【尾批】妙在不著力而不空滑。

① “贼初羽翼未长成”至“汹汹异类勤天兵”有朱笔、墨笔先后圈点，旁有墨批：“切中时弊之论，自足不刊。”

② “昔在生前上疏时”至“使我生民涕涟洏”有朱笔、墨笔先后圈点，旁有墨批：“慷慨悲歌。”

③ “出门向山去，采药与僧归”有朱笔、墨笔先后圈点，旁有墨批：“是《主客图》上卷人语。”

北邙行

北邙道上车辚辚，纷纷如送远行人。
夹道亲朋设祖饯，高张素幕罗奇珍。
几度登筵献杯酒，杯酒何曾能入口。
纵有黄金堆如山，难买地下重回首。
一闭元庐长夜昏，年年寒食哭新坟。
漫说精灵常固结，饥饱无复仗儿孙。
古来豪杰君莫数，石椁稿葬同朽腐。
请看北邙松柏下，荒冢累累半无主。

【尾批】凄然落泪，然而世间悟之者谁？意胜辞胜，直是一首古挽歌。

题春桥先生诗卷后

字字雪霜寒，如今谁喜看。
吟空千古易，欲得一名难。
不惜精灵竭，方能怀抱宽。
终年成底事，鬓发任凋残。

【尾批】结句调笑处，自寓箴规，正是朋友之道。

生孙

一闭元庐长夜昏，凭谁传信慰幽魂。
吾兄地下应含笑，喜得承祧有长孙。

【尾批】至性人语,一字一泪。/深情酸语,正写得喜溢眉宇。天伦之乐,如是如是。

丙子元旦作

底事无端自废书,今朝屈指四旬初。
回思半世浑如昨,便到百年终是虚。
好向青山寻旧梦,羞将白发赋闲居。
欲知此后养生乐,五字酸寒莫浪除。

【尾批】意味醇厚。

纪旱

三伏苦炎蒸,风狂不暂停。
四围山尽赤,千里野无青。
饮雀绝沙岸,游鳞毙苇汀。[①]
皇天高莫问,何日震雷霆。

【尾批】"旱"字写得出。

一雨经年缺,去冬无雪霜。
树头焦欲秃,泽底沸如汤。[②]

---

① "饮雀绝沙岸,游鳞毙苇汀"有朱笔、墨笔先后圈点,旁有墨批:"刻入。"
② "树头焦欲秃,泽底沸如汤"有朱笔、墨笔先后圈点,旁有墨批:"炼句。"

日烁连云赤，风昏带月黄。[①]
井泉尽枯涸，点滴咽琼浆。

【尾批】字字精炼，是学《主客图》下卷。

除夕感怀

光阴何迅速，日月逝如川。
时节又新岁，心情非少年。[②]
满堂辉画烛，深巷艳符联。
往事何堪问，回思倍黯然。

【尾批】似不费力，然意味深厚。

操作时方倦，严城更鼓催。
身安虽可喜，岁去却难回。
腊逐残钟尽，春随爆竹来。
不堪临镜照，惟见二毛摧。

【尾批】恰是此题，人人意中有，然而无人道及。

自赠

无求亦寡营，竟日坐凌凌。

---

① “日烁连云赤，风昏带月黄”有朱笔、墨笔先后圈点，旁有墨批：“二语无人道及。”

② “时节又新岁，心情非少年”有朱笔、墨笔先后圈点，旁有墨批：“是《主客图》上卷人语。”

瘦骨原如鹤，前身应是僧。
灯残吟后炧，砚结晓来冰。[①]
除却耽诗癖，百中无一能。

忆劳山旧游

山海足奇观，东劳名胜传。
再游何日得，暂到亦天缘。
寻寺皆临水，听钟半在船。
回思空怅望，渺渺但云烟。

【尾批】是追想语意。

灵山城

峰势环三面，南楼接海平。
鱼盐腥客肆，潮雾漫山城。[②]
蛤粉涂街壁，戍旗标野营。
渔舟门外泊，款[③]乃数声清。

【尾批】宛然在目，好诗只是真。

---

① “灯残吟后炧，砚结晓来冰”有朱笔、墨笔先后圈点，旁有墨批：“《主客图》下卷人语。”

② “鱼盐腥客肆，潮雾漫山城”有朱笔、墨笔先后圈点，旁有墨批：“活现如画，画也画不出。”另颈联仅有朱笔圈点。

③ 款：似当为“欸”字。

夜宿灵山

海上耽清夜，寥天夜色清。
危樯先树出，渔火杂星明。
月落诸峰暗，潮来满港鸣。
离乡犹未惯，孤枕梦难成。

灵山道中

崎岖村落稀，日午不闻鸡。
松势穿云破，天形入海低。
千峰随路转，百鸟向人啼。
时有采芝客，逍遥筇独携。

【尾批】百炼纯钢。

游朝阳寺

鸟鸣山自深，游客到时心。
海近石门润，峰环佛殿阴。①
松声随磬落，塔影并云沉。②
未识安禅处，临风聊一吟。

游西石

路尽四围山，到门天影圆。

---

① “海近石门润，峰环佛殿阴”有朱笔、墨笔先后圈点，旁有墨批：“‘润’字‘阴’字都炼。”

② “松声随磬落，塔影并云沉”有朱笔、墨笔先后圈点，旁有墨批：“‘落’字‘沉’字妙在无理。”

众峰高矗矗，片石独拳拳。
草色连危磴，松声杂野泉。
欲投孤寺宿，清磬堕疏烟。

【尾批】贾生口吻。

老君塔

叠嶂环幽寺，层云绕几重。①
瀑声鸣曲涧，松势压群峰。
雨过空坛润，苔深古院封。
尘寰遥望此，缥缈但闻钟。

海寺

杰阁层楼佛殿尊，蒙蒙烟雾昼长昏。
鱼龙激浪晓吞日，风雨随潮夜打门。②
野鸟每同云并宿，怒流急与石争喧。
往来半是红尘客，莫怪山僧只厌烦。

【尾批】字字有牙关力。

道旁废寺

颓垣迷旧址，禾黍正离离。

---

① “层云绕几重”有墨笔旁批：“搁句也。”

② “鱼龙激浪晓吞日，风雨随潮夜打门”有朱笔、墨笔先后圈点，旁有墨批：“乃尔深厚。”

有鹊巢荒树，无僧供晚炊。
草深埋碣路，松曲挂钟枝。①
惆怅门前立，兴衰自可悲。

【尾批】深细。

曲巷贫居

僻巷少人到，经年静掩扉。
家贫谋事拙，身病出门稀。
补屋添新草，无钱典旧衣。
邻翁时过访，相伴自依依。

薄田三十亩，一半是桑麻。
教子朝春药，呼僮夜灌花。②
调琴迟海客，贳酒过山家。
催课人不到，经年乐自赊。

【尾批】两首如时文开合势，本色语，极有厚味。

月夜与同志诸子闲话

语尽兴无尽，残灯夜尚明。

---

① “草深埋碣路，松曲挂钟枝”有朱笔、墨笔先后圈点，旁有墨批：“《主客图》下卷句法。”

② “教子朝春药，呼僮夜灌花”有朱笔、墨笔先后圈点，旁有墨批：“如此生活，亦觉不俗。”

远钟来半岭，片月落孤城。
理自闲中悟，诗从静里生。
寻常难会聚，莫负此时情。

【尾批】所谓一片兴，足见才情。

月夜东溪送客

殷勤留君君不住，携手同过东溪去。①
前路无伴君莫愁，娟娟明月照前路。②
独立桥头意怅然，望君潇洒入远烟。
严城更鼓声未歇，寒鸦乱噪霜满天。

【尾批】直是一首宋诗。

南园杂咏

荒圃二三亩，聊结数椽屋。
临轩开场园，四面绕修竹。
春雨喜初晴，种蔬课僮仆。
新韭未登庖，满畦黄且绿。
抱瓮有余暇，流息闲纵目。
嘉树绕芳荫，远山青可掬。

---

① “殷勤留君君不住，携手同过东溪去”有朱笔、墨笔先后圈点，旁有墨批：“从东溪送客逆入月夜，叙题有法。”

② “前路无伴君莫愁，娟娟明月照前路”有朱笔、墨笔先后圈点，旁有墨批：“入情。”

闲就北窗前，抱膝自吟读。
日晴枕簟明，黑甜午睡足。
试想天地间，勤苦非我独。
败絮堪御寒，粝食能充腹。
此外非我求，知足者不辱。

【尾批】此仿后人之学陶者。

晚步寄友人

出郭无拘束，长歌落照边。
山城晴见寺，岭树远参天。①
暝色沉孤鸟，钟声堕暮烟。②
知君当此际，吟咏兴偏延。

读《主客图》

搜诗岂易得，五字必天成。
欲作惊人语，端由说理明。③
工从穷后出，妙自静中生。
一卷才吟罢，心如冰雪清。

【尾批】是能得《主客图》三昧者。

---

① “山城晴见寺，岭树远参天”有朱笔、墨笔先后圈点，旁有墨批：“是唐人语，移之宋诗不得。”

② “暝色沉孤鸟，钟声堕暮烟”旁有墨批：“字都炼。”

③ “欲作惊人语，端由说理明”有朱笔、墨笔先后圈点，旁有墨批：“深于此者方能道出。”

题张泽生山水画

笔有江山助，随时笔可挥。
无风疑树动，不雨觉泉飞。
鸟俨窥人下，僧如待月归。[①]
茅庵几处在，经乱未开扉。

【尾批】诗亦足以写生。

戏呈同游李竹溪刘鹤峰

西山一片云，郁郁盘幽谷。
彼无从龙志，逍遥任往复。
时有孤鹤至，翘首唳晴旭。
众卉非其巢，振翼投幽竹。
竹乃鹤之巢，鹤托竹栖宿。
月夕与风晨，吐气绕清馥。
云本无心物，更欲相追逐。
竹鹤幸不弃，得共三友足。

【尾批】意境从韩赠东野诗来，妙在不袭其语，可作一幅云鹤栖竹图。/句句是戏，东方生滑稽之雄，妙不失于轻薄。

---

① “无风疑树动，不雨觉泉飞。鸟俨窥人下，僧如待月归”有朱笔、墨笔先后圈点，旁有墨批：“是画。”

一室

一室无长物，了然清净贫。
帘开蜂入户，窗破鸟窥人。[①]
野色通深院，书声满近邻。
沧洲何处是，岂肯老风尘。

【尾批】静极。

寂坐

一从疏世事，此外更无营。
病绝游山想，老多怜子情。[②]
云停将去影，鸟送欲来声。[③]
偶有客相访，还愁作送迎。

柳絮

野风吹不尽，摇曳自轻飞。
又向天涯去，还同春色归。[④]
辞枝犹落落，邻水尚依依。

---

① “帘开蜂入户，窗破鸟窥人”有朱笔、墨笔先后圈点，旁有墨批：“眼前景无人道及。”

② “病绝游山想，老多怜子情”有朱笔、墨笔先后圈点，旁有墨批：“常情俗理自妙。”

③ “云停将去影，鸟送欲来声”有朱笔、墨笔先后圈点，旁有墨批：“写‘寂’字入细。”

④ “又向天涯去，还同春色归”有朱笔、墨笔先后圈点，旁有墨批：“不沾不脱，的是名句。”

最是伤心处，离亭送夕晖。

【尾批】情在字句之外。

呈春桥先生

嗟我迷途久，于今得所师。
但教从古学，频许寄新诗。
妙谛无须隐，冥搜不厌奇。
情深谁告语，白首若为期。

【尾批】心专志笃，盛气自汩汩然来。

雅道由来合，真传莫见轻。
古今原一律，结契幸三生。
寂虑转无语，澄观皆有情。
天龙参得破，怀抱自分明。

【尾批】所谓此中人语，不足向外人道也。

题缄斋李丈蜗庐诗集后

未结堂前立雪缘，瓣香犹得阅残编。
先生衣钵今仍在，恨我迟生二十年。

漫嗟此道久销沉，百世遥遥尚友心。
料是先生魂未散，后生今已铸黄金。

曾与先生同巷居，回思骑竹十龄初。
伤心已近马融帐，悔不榻前问道书。

【尾批】可知于此道是真心实意，不然安能如此娓娓动人。

樵夫

满山红叶带霞飞，历历歌声入翠微。
落日不知村径远，肩头挑得白云归。

牧童

绿杨阴里戛风鞭，草藉蓑衣自在眠。
缓缓东风吹竹笛，骑牛高唱夕阳天。

渔翁

静同鸥鹭伴烟霞，酒半醺时日又斜。
一棹不知秋水阔，月明归处认芦花。

渔家

芦荻分邻界，生涯一钓艖。
沙鸥常共宿，云水自成家。
夜静灯穿苇，风来浪逐花。
儿童饱饭后，折柳贯鱼虾。

【尾批】是渔家。

芦花

几夜霜花白，秋声隔浦闻。
影摇千片雪，寒带一溪云。①
拂渚鸿资蔽，捎空鹭不分。
汀洲无限思，孤客滞江渍。

田父辞

野老种田兼种圃，国课得完即为福。
终身衣食无厚薄，一家饱暖庶乎足。
不意天灾苦流行，雨雹风旱无秋成。
今年更比去年苦，去年负债今年补。
三伏炎炎无晓露，四野赫赫成焦土。
比岁辛苦叹无年，官家犹限催科钱。
支吾偶违比限例，胥役喧呼打门前。
妻子闻声举首蹙，愁向城中卖黄犊。
堪叹十室八九空，飕飕四壁生寒风。
一斛米粱十斛价，富者还比丰年丰。

【尾批】学陆非学苏，以为学杜者，更非古来太史陈诗以观民风，此国风之所由作也。惜今不生于古，此等诗无由上闻也。/大有关系，不必论是陆是苏是杜矣。

---

① “影摇千片雪，寒带一溪云”有朱笔、墨笔先后圈点，旁有墨批：“写神之笔。”

雪霁晚眺

寒日下城西，西风雪霁时。
满山峰失次，平野路无歧。①
墟净人烟少，林空鸟雀饥。
由来耽冷味，合与素心期。

偶成

素性耽闲寂，何须逐世忙。
只应诗作伴，端合睡为乡。
饮酒易成醉，读书过辄忘。
向来诸兴减，所嗜在篇章。

【尾批】高致。

园居

爱此清幽处，凭高别起台。
每当临水坐，只为看山来。
尽日门常掩，无人花自开。②
萧条林下意，石径长莓苔。

【尾批】水部家法。

---

① “满山峰失次，平野路无歧”有朱笔、墨笔先后圈点，旁有墨批：“从来咏雪者所未及道。”

② “尽日门常掩，无人花自开”有朱笔、墨笔先后圈点，旁有墨批：“妙似不对。”

南园秋居

野彴通幽径，田家近水湄。
场空拥败叶，果落剩闲枝。[①]
壶老垂荒蔓，墙倾补短篱。
故人欣又至，好共订新诗。

【尾批】总不肯空滑道过。

寄高云卿

人生交友贵相知，茅舍联吟煮茗时。
别后相思何处甚，半窗花影月离离。

南冈远眺

山郭俯清溪，溪边草径迷。
树回双岭合，烟起一城低。
人语日中市，鸡声柳外堤。
临风无限意，原上乱鸠啼。

【尾批】实景如是。

访友人不遇

高蝉鸣绿槐，石径覆莓苔。

① “场空拥败叶，果落剩闲枝”有朱笔、墨笔先后圈点，旁有墨批：“《主客图》下卷人语。”

独步寻君至，双扉为我开。
砚留题扇墨，炉冷煮茶灰。①
惆怅门前去，日斜犹未回。

夕阳

归鸟已翩翩，寒林带晚烟。
斜依秋水尽，影向远山偏。②
几阵鸦离树，一声钟满天。③
牧童何处返，村外戛风鞭。

【尾批】不让前人甚，莫谓古今人不相及也。/五六超脱，与郑都官“极浦明残雨，长天急远鸿”同一格法。

墀儿入泮

门庭几载叹衰微，冷落还如月渐亏。
博得高堂无限喜，灯前闲话抱孙时。

【尾批】天伦乐事，令人羡煞。

喜母病渐愈以诗柬春桥先生

巫史无端日夜纷，稍闲始觉感离群。

---

① “砚留题扇墨，炉冷煮茶灰”有朱笔、墨笔先后圈点，旁有墨批：“此等句俱本古人。”

② “斜依秋水尽，影向远山偏”有朱笔圈点，旁有墨批：“妙、妙。”

③ “几阵鸦离树，一声钟满天”有朱笔、墨笔先后圈点，旁有墨批：“写夕阳入妙。”

论君知己无如我，爱我深情独有君。
几宿神魂除噩梦，一春花鸟属浮云。
高堂病久今初愈，此信遥知必快闻。

【尾批】叙题布置得宜，一丝不乱。

视春桥先生病即借介石轩祝寿句为起以赠

谓君无病身何惫，谓君有病心何泰。①
有病无病君自知，不须旁人相骇怪。
我来问病到书堂，犹能扶杖强相将。
随意纵谈古今事，清言妙绪皆文章。
漫说老病不堪疗，疗身不及疗心妙。
俗子纷纷求长生，只识香花祷神庙。
世上那有九还丹，惟君有诗寿千年。
可惜今无韩吏部，虽有郊岛谁能传。

赠卓亭侄

行年已六旬，白首更精神。
好客不知俭，买书常忘贫。
独从千古学，只率一生真。
与我交情笃，新诗岂厌频。

【尾批】活现纸上，再移入他人不得。

---

① “谓君无病身何惫，谓君有病心何泰”有朱笔、墨笔先后圈点，旁有墨批：“一起高兴之至。”

蚤岁文章著，一名难获售。
文随年并进，名与命相仇。[①]
悄悄荒城夜，悠悠孤馆秋。
端知榜下泪，不向俗人流。

【尾批】直是一首石桐先生诗，五六淡句亦似。

己卯岁四月念五日午后大风雷雨

雷公震怒神龙骄，风伯拔山山动摇。
天昏地黯神鬼号，万弩齐射钱塘潮。
冰雹霹雳迭相交，大木拔向空中抛。
熊罴虎豹无藏逃，雕鹗尽毙悲鸱鸮。
朱楼雕甍瓦飞飘，况我栖处三间茅。
此时打麦场虽高，残穰败粒随奔涛。
忆自少日罹兵刀，水旱螟蝛满荒郊。
虽有陇亩杂野蒿，艰危历尽心煎熬。
上帝好生育吾曹，忍使群黎甘烙炮。
祸福实为天所操，天亦何心败禾苗。
颓风日趋时俗浇，灾害无常人自招。
安得郑声变箫韶，群生庶免难逭条。

【尾批】后半恐惧修省，意醇而正，甚合体例。

① “文随年并进，名与命相仇”有朱笔圈点，旁有墨批：“道得著，可称知己。”

哀邻生出闱后殁于邹平途次

读书困一衿，未得志全伸。
乍听疑传误，回思惟恐真。
旅魂归有日，野店哭无人。[①]
从此榜前泪，应黏墓草春。[②]

---

① “旅魂归有日，野店哭无人”有朱笔、墨笔先后圈点，旁有墨批：“惨然可伤。”

② 本卷末钤有“耕读堂”白文印。

卷之二

珠山早行

束装趁早行，茅店一灯明。
几树鸦初叫，满山钟又鸣。①
野桥昏水气，晓雾失春晴。②
莫谓征途苦，新诗逐景成。

珠山道中

行尽崎岖路，峰回到海垠。
潮连平野阔，树入乱山昏。
石壁嵌僧寺，岭坳环水村。
欲投茅店宿，浊酒喜盈樽。

大珠山

云雾昼常昏，嵯岈近海门。
潮声摇地轴，峰势插天根。③
日出晓堪吸，星垂夜可扪。④
始知五岳外，别有此山尊。

---

① “几树鸦初叫，满山钟又鸣”有朱笔圈点，旁有墨批：“二句是早字神理。”

② “野桥昏水气，晓雾失春晴”有朱笔、墨笔先后圈点，旁有墨批：“高浑。”

③ “潮声摇地轴，峰势插天根”有朱笔、墨笔先后圈点，旁有墨批：“警句。”

④ “日出晓堪吸，星垂夜可扪”有朱笔、墨笔先后圈点，旁有墨批：“险句。”

冬晓

盥漱前堂坐，邻家尚闭门。
冻云开曙色，饥雀斗檐暄。①
料峭风生树，荒寒雪满村。
妻孥欣一饱，偎火话田园。

送友人游潮州

客路六千里，风帆尽地舆。
荒田留子种，破宅让邻居。②
夷国通蛮市，江豚杂海鱼。
韩公宣教处，何日寄归书。

【尾批】直是一首《主客图》诗，置之古人集中，吾无以辨。

冬日闲居

敝裘常不暖，喜见日阳升。
镜影涵虚雾，檐声堕断冰。
烹茶留野客，踏雪访邻僧。
只以耽吟久，还如抱冷症。

【尾批】笔力亦不让前作。

---

① “饥雀斗檐暄”有朱笔、墨笔先后圈点，旁有墨批：“闲心闲眼。”

② “客路六千里，风帆尽地舆。荒田留子种，破宅让邻居”有朱笔圈点，旁有墨批：“一字一板。”

夜吟

迢递更筹尽，深宵坐默然。
满城群动息，孤馆独迟眠。
鸦叫将残夜，窗昏欲雪天。[①]
还应敲冷句，灯下耸吟肩。

苦寒

云阴寒欲凝，气冷觉衣轻。
入夜风犹壮，经旬雪不晴。
冻烟昏碛色，渴鸟啄冰声。
自笑耽严苦，寻僧曳杖行。

【尾批】学《主客图》下卷入妙。/不言寒，而寒可想，即苦亦可想矣。是谓不黏不脱。

田家

经年懒入城，未识县官名。
处处逢春雨，家家驱犊耕。
竹篱通野色，机杼杂书声。
赛社期将近，开樽醉月明。

【尾批】第六句与起句参看，见得此是第一等人物，非庄户老斗也。

---

① “鸦叫将残夜，窗昏欲雪天”有朱笔圈点，旁有墨批：“此等句不让前人。”

访南山隐者

未识回环路，惟闻松竹声。
披云寻谷口，隔水问村名。
沿径花常满，到门峰不平。
茅庵相对处，石上一琴横。

赠同巷友

莫言吾巷陋，得与玉川居。
寥落数间屋，纵横千卷书。
鹤巢松院静，月入草堂虚。[①]
自足成高尚，何须论毁誉。

赠文亭张表兄

严若秋霜肃，对君如对师。
道高邻里敬，品重野人推。
有志安贫贱，传家只孝慈。
行年过八十，曾不皱双眉。

【尾批】想见其人。

西村访友

薜荔绕篱生，篱边秋水清。
到门无犬吠，深巷有书声。
古屋松间敞，幽琴石上横。

---

① “鹤巢松院静，月入草堂虚”有朱笔、墨笔先后圈点，旁有墨批：“贾句。”

茅庵如肯借，好共事春耕。

迟友人不至

俗子推难去，可人期未来。
出门空怅望，绕树独徘徊。
秋月行将满，菊花今已开。
何当同聚首，谈笑共倾杯。

【尾批】言外取神，真独开生面之作。

愁

愁从何处来，恹恹如沉疴。
昼夜苦纠缠，遣之不得去。
使我方寸中，郁郁拥乱絮。
须发变何早，皆为一愁误。①

溪上早春

春色变春城，春烟溪上凝。
晴沙舒冻草，流水带残冰。②
远野寒光失，斜阳暖意增。
和风殊未遍，晨夕尚凌凌。

---

① “须发变何早，皆为一愁误”有朱笔、墨笔先后圈点，旁有墨批：“意尽亦与之俱尽，唐人家法。”

② 前四句皆朱笔圈点，“晴沙舒冻草，流水带残冰”复又墨笔圈点，旁有墨批：“字法。字法。”

邀刘鹤峰携酒与李竹溪小酌

春雨恼春晴，春风妒花柳。
何以遣春愁，闻君有旨酒。
我亦治嘉肴，适情兼适口。
何不携酒来，共醉竹溪叟。

【尾批】一气如话，妙。

自题书斋

结屋俯清溪，垂帘人静时。
编篱堪护菊，泥壁为黏诗。
爱月客迟散，联吟儿窃窥。
往还惟旧侣，此外更谁期。

【尾批】中四写得真可乐。

友人以近作见示遂题卷末为赠

此道已湮沉，怜君犹苦吟。
一篇谁见重，五字独知音。
寂寂空斋夜，遥遥尚友心。
相期须及早，莫待鬓霜侵。

【尾批】一气呵成，直逼古人。其实此道亦无用处。此谓仁者见之谓之仁。

岁暮感怀

愁怀当岁暮，触次亦无端。
半世行将过，一年看又残。
檐冰垂欲堕，庭雪敛犹寒。
日夜耽吟久，方知此道难。

【尾批】贾诗只是一味冷峭，不知何故人犹嗜之，岂非性近。

泥火炉

巧制团圆样，花纹随意镌。
还应冷处著，不合热中怜。
雪重拥寒夜，云昏偎冻天。
茅斋闲坐久，时对耸吟肩。

【尾批】擘空说来，都在个中。/咏物诗最要寓意高，占得身分。三四得之矣。

晚过西村

迢递下遥岭，西风吹客衣。
天临秋水阔，鸦背夕阳飞。
溪色深连寺，山光晴入扉。
欲寻归路暝，烟郭蔼馀晖。

哭李竹溪

竹溪先生慎操守，一生言行常不苟。

道逢延陵呼与金，身披羊裘骇而走。
忆自十年受君知，君喜见我我恨迟。
言言相规行相砺，不惟吾友亦吾师。
不料一病竟如此，生别死离长已矣。
生前交友倾一时，死后人情薄如纸。①
作诗吊君君应闻，地下谁为知己人。
前有鲍叔后钟期，与君并列朋友伦。

答春桥先生春雨柬示遂依其韵

经旬雨不断，漠漠夜连晨。
尽日无来客，闲居又暮春。
交情怀旧友，诗债补前因。
幸有君相念，还怜知己人。

和春桥先生病中思余不见留别之诗

抱病独思我，交情见于诗。
菲才何见许，未免寸衷疑。

病剧不忧贫，贫剧不忧病。
贫病两无忧，君子乐天命。

疾病骨肉亲，患难交情见。
俗子徒纷纷，识人但识面。

颜子不为夭，篯铿不为寿。

---

① “生前交友倾一时，死后人情薄如纸”有朱笔、墨笔先后圈点，旁有墨批：“千古同慨。”

所赖有诗篇，千载垂不朽。

喜春桥先生病后过访

忽闻剥啄声，倒屣出门迎。
忆别无多日，回思如再生。[①]
病容看渐减，行步较前轻。
莫更伤离索，新诗可复赓。

【尾批】一气如话，情真理足之至。

次日访春桥先生

霁色开晴旭，空堂雪气侵。
偶来终日坐，话尽一生心。
从此喜君健，还期共我吟。
无须劳梦想，闲步屡相寻。

【尾批】看似无味，然意在字句之外，是《主客图》上卷。

冬暮杂咏

五十行将近，生涯半黑甜。
砚冰平起凸，笔冻秃无尖。[②]

---

① “忆别无多日，回思如再生”有朱笔、墨笔先后圈点，旁有墨批：“不言病而病可想矣。”

② “砚冰平起凸，笔冻秃无尖”有朱笔、墨笔先后圈点，旁有墨批：“生僻之句，可补古人所无。”

斜日晴犹栗，寒风晚更严。
偶占《周易》课，初九合深潜。

茅舍炊烟起，阴阴逼冷朝。
冻泉和月汲，山叶带霜烧。
野旷连云暗，雪残随雨消。
闲愁何事遣，琴罢自逍遥。

凛烈严天晚，频嗟见二毛。
夜深灯灺暗，院静柝声高。
爱画惟耽米，吟诗只拟陶。
平生文字癖，把卷忘疲劳。

暖帽蒲鞋厚，拥身粗布衣。
常贫心易足，渐老事多违。①
野客借书去，山僧带雪归。
由来闲静惯，应可息尘机。

寥落三间屋，荒寒半亩园。
霜高林木秃，风起暮山昏。
浊酒冻偏薄，敝裘寒不温。
贫居甘寂寞，谁肯叩柴门。

课幼孙夜读兼示墀儿

人生养正在总角，初似美玉未离璞。

---

① “常贫心易足，渐老事多违”有朱笔、墨笔先后圈点，旁有墨批：“不曾说冬暮，却是冬暮情事。”

欲使璞玉成圭璋，须待良工勤追琢。
贤父教子教婴孩，贤母教妇教初来。
庭训家规如得正，子孙虽愚无弃材。

【尾批】如古歌谣。/凡有子弟者，皆当铭之户牖，庶可以维浇俗、滋厚福，然后知瑞庭食诗书之报，非偶然也。

猛虎行

猛虎猛虎何残酷，朝噬赤子暮黄犊。
公然一身当官道，生擒活剥思果腹。
村南村北哭声哀，未见虎面先觳觫。
五陵壮士虽善射，相看不敢施箭镞。
安得驱入鼎镬烹，遍赐生民一杯羹。

【尾批】意不知何所指，论诗则令人切齿。/一顿一折，语意奇警，笔力险劲，惜刍荛无由上达，空言何补乎？

自悔

吾年二十心胆壮，凭陵侠场纵豪放。
常使一命抵猛虎，时与鬼蜮相揖让。
赤手屠龙到东海，卢雉一呼全军丧。
金尽裘敝竟不归，此身岂忧沟壑葬。①

① “吾年二十心胆壮”至“此身岂忧沟壑葬”旁有墨批：“妙在直言不讳，是韦苏州一流人物。”另“常使一命抵猛虎”至“此身岂忧沟壑葬”有朱笔、墨笔先后圈点。

迨至三十始读书，每见佳士辄心向。
埋头不出二十年，未免邻里常毁谤。①
今年已过四十余，立志学诗慕高尚。②
竟日苦吟吟未工，蹇劣谁与共酬唱。
光阴迅速白驹驰，良辰辜负空凄怆。
往者不谏来可追，冰渊在前慎莫忘。③

【尾批】全从韦苏州《逢杨开府》篇脱化而出，较苏州诗更加蕴藉，妙在不袭其一字，可谓好手贼人也。题虽“自悔”，诗可垂戒。/吾之深契瑞庭者，不尽在诗文，在其自游侠而名士也。生平所最恶者，少年时受祖父之教，读书学文，循循规矩。一旦长大，得以自便，竟放意为非，陡然以学子变为袄神。较之瑞庭，度量相越，岂不远哉?

览镜

四十年来两鬓新，劳劳碌碌逐风尘。
向来一事真堪怪，对镜愁看镜里人。

庸庸四十尚如斯，便到百年亦可知。
莫说夕阳无限好，夕阳虽好不多时。

---

① “埋头不出二十年，未免邻里常毁谤”有朱笔、墨笔先后圈点，旁有墨批：“加此二语，乃见定力过人。”

② “今年已过四十余，立志学诗慕高尚”有朱笔、墨笔先后圈点，旁有墨批：“失东隅而收桑榆，正见不失身分处。”

③ “光阴迅速白驹驰”至“冰渊在前慎莫忘”有朱笔、墨笔先后圈点，旁有墨批：“纯乎大儒之言，抵得杨龟山《此日不再得》一篇。”

【尾批】时时警觉提撕，安得学问不进？莫谓此道与理学相背。

与友人闲话劳山旧游

迢迢一径入苍穹，人到深山意自空。
举步翻疑身有翼，回头直觉足生风。
峰峦似画无重复，云水如文任变通。
胜境何年能再到，端知此兴与君同。

招卓亭侄

我生奄奄如秋草，一回相见一回老。
草枯复荣秋复春，人老那得重少小。
古人知己隔天涯，邮筒相寄终杳杳。
傥得相遇在中途，停毂与语盖倾倒。
况我与君住一城，相思可能顷刻了。
文字之交兼族谊，切磋敦睦何可少。
莫谓明日犹可待，明日不如今日好。
莫谓今日来已迟，今日终比明日早。
请君今朝过我庐，我有新诗方脱稿。①

【尾批】直是一首古人诗，兴会淋漓之至。/曲曲写出“招”字之情，诗笔如百炼钢化为绕指柔，熟极之候。

---

① “莫谓明日犹可待”至“我有新诗方脱稿”有朱笔、墨笔先后圈点，旁有墨批：“似袭星五先生字句，然意境殊别，看结句便知。”

喜春桥先生批桑梓前辈诸公诗钞读而有悟遂效东坡体戏以为赠

我似老瞽久迷路，十年不知归宿处。
君如良医方得心，一砭即能开盲雾。[①]
何幸菲才蒙青眼，每许吟筵接武步。
歌啸虽是平生癖，优游悔自少年误。
如行万里缘崎岖，忽得咫尺任来去。
待到君寿七秩登，会看骚坛一旗树。
纵然分坛作盟主，[②]且莫摇旗广招募。
举世谁将诗瓢珍，愧我已把岛佛铸。
订交已与百世期，出门何怪群儿诅。
但使此道不沉沦，俗论毁誉安足虑。

【尾批】兴致勃勃，意盛气盛，安得不出好诗？可知世之务应酬者，辞藻虽工，而无意味可寻也。

腊日对酒

市侩得意被绮罗，燕妓赵女酣笙歌。
乞儿得食万事足，曝日徜徉且扪腹。[③]
我于二者皆不如，上有慈亲下妻孥。

---

① “我似老瞽久迷路，十年不知归宿处。君如良医方得心，一砭即能开盲雾”有朱笔、墨笔先后圈点，旁有墨批：“双峰并起，是坡公家法。”

② “纵然分坛作盟主”有朱笔圈点，旁有墨批：“谐语亦似。”

③ “市侩得意被绮罗”至“曝日徜徉且扪腹”有朱笔、墨笔先后圈点，旁有墨批：“反形起，目眦欲裂，有拔剑斫地之概。”

缩衣节食肆筋力，黏体涂足无休息。
比岁凶歉可奈何，每到岁暮丛矛戈。
心内忽如冰投炭，内忧外患交相战。
未闻索逋心已惊，梦里先怯敲门声。
回忆儿时岁月疾，行过一年如一日。
如今衰老不似前，愁过一日如一年。①
把酒未饮心已醉，此心戚戚何所为。
当时交友轻千金，贫后不复成知音。
丈夫不洒穷途泪，圣贤遗训行素位。
会看腊尽气方舒，次第春风到吾庐。

【尾批】至理名言，惟真故耳。结意悠然不尽，甚得古法。/一路写得感慨，结句转益兴会，卜定晚岁多乐事也。

自编诗稿既成怅然有感题卷末

古人得好句，胜于得好官。
我生不解诗，好句得何缘。
奈何孤僻性，耽此二十年。
寒吟与酸呻，昼夜苦穷研。
我好众所恶，众好我所捐。
以此诧时俗，訾议纷纠连。
古来耽此道，毁誉岂足患。
异世求知己，取信非目前。
缅彼卓荦士，孤立何拳拳。

① “回忆儿时岁月疾，行过一年如一日。如今衰老不似前，愁过一日如一年”有朱笔、墨笔先后圈点，旁有墨批：“何幸得此化工之笔，妙、妙。”

霰霜摧众卉，难改松柏坚。
吟罢仰天叹，追思《三百篇》。

【尾批】理圆法密，甚似卓然先生。

再题卷后

一卷装成暗自嗤，此生何事不堪为。
逢人若问成何用，口不能言只若痴。

知音三两旧相期，好是茅斋会面时。
闲似野云清似鹤，晴窗茶罢静谈诗。

静室垂帘晷影迟，穷年索句那知疲。
一生精力有多少，赢得星星两鬓丝。

闭户苦吟二十秋，研霜磨月费冥搜。
世间那得知名姓，只合相呼孙半楼。[①]

寒食行

春风冉冉城东路，桃李花发岭头树。
树上乌鸢争作窠，家家寒食扫坟墓。[②]

---

① “世间那得知名姓，只合相呼孙半楼”有朱笔、墨笔先后圈点，旁有墨批：“趣甚，妙甚。”

② “树上乌鸢争作窠，家家寒食扫坟墓”有朱笔、墨笔先后圈点，旁有墨批：“著此句好，其实已含下感慨意。”

千金难买寒食晴，少年踏青上古城。①
古城离离生春草，一见秋风即枯槁。
劝君有酒须尽欢，莫待流光催少年。
君不见，华堂歌舞邻家叟，
昨起高楼今倾覆，有酒何曾能入口。②

【尾批】笔意似白乐天，慷慨悲歌，此谓学古入化，时人又何足以知之。

酬春桥先生夜雨不成见寄

轻雷送远声，独起隔窗听。
点地来方骤，因风落转停。
渐明当户月，忽露出天星。
忧旱与君并，知应终夜惺。

【尾批】三四撰力好，妙在都无迹象。/胜春桥作。

喜雨

甘泽何时降，欣闻一夜倾。
巷深稀客迹，野润有人耕。

---

① “千金难买寒食晴，少年踏青上古城”旁有墨批：“妙在又离开说，此之谓顿挫。”另“少年踏青上古城” 有朱笔、墨笔先后圈点。

② “君不见，华堂歌舞邻家叟，昨起高楼今倾覆，有酒何曾能入口”有朱笔、墨笔先后圈点，旁有墨批：“暗应上文扫坟墓意。”

原色初蒸霭，山光欲放晴。[①]
虽然泥正滑，定有卖花声。

与春桥先生东郊闲步

共践同心约，今朝雨乍晴。
行因随意缓，体忆旧年轻。[②]
几处鸟声乱，半村花影明。
向来欢会少，莫负此深情。

【尾批】试问尔时情事，果如此否？惟知者知之。可知古人之诗，勿滑口读过也。/亦胜春桥作。

箴子诗

前车为后鉴，后车戒在前。
古人有遗训，言行固其端。
莫谓此恶小，偶为何足患。
勿以此善大，临行反畏难。
去恶如除盗，岂必元首先。
为善如积山，篑进终当全。
君子务仁义，慎行更慎言。
所期惟正道，古意终拳拳。
文章固小事，养正在髫年。

---

① “原色初蒸霭，山光欲放晴”有朱笔、墨笔先后圈点，旁有墨批：“反托，写得喜意更足。”

② “行因随意缓，体忆旧年轻”有朱笔、墨笔先后圈点，旁有墨批：“发难显之景于当前。”

朝夕相砥砺，圣贤有真传。

【尾批】道学语固不可入诗，然而千古不朽者，终在此等。论本经史，绝大眼孔。“去恶”四句更锤炼得好。今之学者做篇考卷，幸博一衿，做篇墨卷，幸登贤书，捷南宫，遂趾高气扬，甚至目无父兄师长。此等人皆由不解“文章小事”之义也。愿书此诗，悬之国门，以开拓若辈胸襟。

谢春桥先生惠书字册

先生行年六十五，书法钟张兼欧褚。
忽然笔法变新意，力提怀素金刚杵。
当其落笔风雨驰，腕底立扫千雄师。
纸上倏忽起烟雾，倒卷三峡龙横飞。
欹斜歪正皆入妙，美人醉舞倩巧笑。
秋波回盼云鬓松，双颊微赭更娇娆。
我虽爱之不为贪，得陇望蜀心难甘。
光怪陆离虽满室，更遣奚僮买缯缣。
兰亭书法归神化，至今遗迹满天下。
后之视今犹视昔，请君珍重连城价。

【尾批】韩子云：“气至则句之长短、声之高下皆宜。”此诗于古人咏书法诗外，别树一帜。

自题千金仓藏书室名

家有万斛粮，不如一书仓。
子孙识一丁，胜挽百石强。

虽贫不可卖，自有家声在。
李架与苏签，满室吐光怪。

我无黄金籝，传家有圣经。
区区方寸地，留与子孙耕。

遨游歌

忠信为资斧，笃敬作舟车。
言行苟如此，纵横遍九区。
世路虽云险，所到皆坦途。①
如何苦逼侧，②转眼成崎岖。
荆榛塞瓦砾，颠蹶危须臾。
岂知有周行，③开辟自黄虞。
昭昭平如砥，步步达天衢。
古来豪杰士，④皆由此路趋。
君今欲遨游，遨游当何如。

【尾批】有益于人。不少世人必以为吾人皆嘲风弄月，岂尽然乎？自来作古诗，亦须布局，所谓立胎自觉，文理联贯。此乃有纪律之师。不然，任意野战，焉有不败者？时诗所以不耐看也。/圣贤义理，名士才情。酷似安乐窝中诸诗。读此乃知二论

① “忠信为资斧”至“所到皆坦途”有朱笔、墨笔先后圈点，旁有墨批：“一起六句是总冒。”

② “如何苦逼侧”旁有墨批：“以下四句是反。”

③ “岂知有周行”旁有墨批：“以下四句是转。”

④ “古来豪杰士”旁有墨批：“以下四句是结。”

之言，彻上彻下，可大可小，步步离不得，宜赵相读之终身也。

刈麦

去岁榴花四月明，千村万村打麦声。
今年四月吹柳絮，麦欲收时五月暮。
乃知万物应天时，天心可假物理推。
雷雹风电兼水旱，一意不随反生怨。
岂知天公操其权，人若暴殄自招愆。
天心慈惠固罔极，民是天民天应惜。[1]
连年亢旱荐凶荒，黎庶颠连餍秕糠。
况兼去冬无雨雪，麦苗焦枯冻塍裂。
今春幸赖雨及时，二麦连阡秀双歧。
田父高歌齐收获，星光晓落柴车索。
牛铎轧轧齐登场，横堆狼藉如山冈。
凶荒流离转眼忘，只缘口腹竞时尚。
我愿邻里谨盖藏，乐岁珍重凶年粮。[2]

种豆

中夜起饭牛，斜月淡茅屋。
露气湿空天，树下鸣乳犊。
新麦具晨炊，蔬韭饷佣牧。
良苗迥连阡，平野如膏沐。

---

① “岂知天公操其权”至“民是天民天应惜”有朱笔、墨笔先后圈点，旁有墨批：“伏得结意。”

② “凶荒流离转眼忘”至“乐岁珍重凶年粮”有朱笔、墨笔先后圈点，旁有墨批：“结应提撕警醒，语长心郑重。”

日出村树明，流眩须眉绿。①
蓑笠鸣桔槔，风鞭戛岩谷。
念此种植心，谁谓私口腹。
庶免妻孥忧，复愿国课足。

【尾批】妙在不写种豆，却句句是种豆时情事，所以为高。古人多有此法，但时人不知耳。

雨中闻蝉

夏日沉沉不自聊，豆棚瓜架雨潇潇。
山蝉似解幽人意，特地闲吟破寂寥。

【尾批】闲情逸致。

寄和卓亭侄夏日闲居六首

长夏炎蒸日，还应静掩扉。
热场观世态，凉处识天机。
蜗去流涎在，蝉鸣带响飞。②
合宜敲冷句，此外出门稀。

漫漫浓云黑，凌晨雨势冥。

① “良苗迴连阡，平野如膏沐。日出村树明，流眩须眉绿”有朱笔、墨笔先后圈点，旁有墨批：“妙句不磨，直是陶诗‘平畴交远风，良苗亦怀新’，然而读者多忽之，所谓好手贼人。”

② “蜗去流涎在，蝉鸣带响飞”有朱笔、墨笔先后圈点，旁有墨批：“妙、妙。”

雷声撼树动，水气带龙腥。
蚓壤封高砌，蛙鸣乱远汀。
茅斋堪坐卧，窗色暗虚棂。

何处堪消暑，临轩趁晚凉。
高荷香出水，野蔓绿蟠墙。
就石安茶器，当风扫竹床。
笑他热中客，终日转忙忙。

傍午日偏烁，山云忽渐屯。
骤阴天似墨，积涝水常浑。
迸笋穿苔破，深芜连树昏。①
应知雨又至，只可掩柴门。

为爱晚晴好，乘凉野侣从。
崖添几处瀑，云起一天峰。②
飞燕掠人过，鸣蝉缘路逢。
萧然烦虑涤，围坐杂村农。

经旬霪雨零，连夜湿云蒸。
蚊起轰交户，蛾飞误触灯。③
读书清似水，得句冷如冰。

---

① “深芜连树昏”有朱笔、墨笔先后圈点，旁有墨批：“是雨来景。”

② “云起一天峰”有朱笔、墨笔先后圈点，旁有墨批：“是实景。”

③ “蚊起轰交户，蛾飞误触灯”有朱笔、墨笔先后圈点，旁有墨批：“已成不破之句，不但见炼力。”

晓寄苦吟客，高情谁解称。①

【尾批】六作皆胜原唱。

出浴

野泉清且新，况复晚凉侵。
欲涤一身垢，须磨方寸心。②
只缘离热处，自可息烦襟。
何用汤盘在，始堪铭作箴。

【尾批】有作意，兼有炼力，终是老手。

哭春桥先生

一从君病后，卧榻几回看。
系念每独往，到时先自酸。
交情悲日促，后事虑家寒。
犹忆呻吟句，床头调护难。

盟心二十年，无力慰重泉。
诗自生前订，名期身后传。
破庐经岁闭，遗稿几时镌。

---

① “晓寄苦吟客，高情谁解称”有朱笔、墨笔先后圈点，旁有墨批：“却也自负得起，不是假话。”

② “欲涤一身垢，须磨方寸心”有朱笔、墨笔先后圈点，旁有墨批：“见道语，万物静观皆自得。”

有志空相待，怀惭意黯然。

论交道谊重，于我友兼师。
从此无知己，回思空自悲。
病时曾有嘱，别后莫言诗。
更觉心丧痛，那禁双泪滋。

贾张千载后，衣钵受传真。
世不坠斯道，天何夺此人。
吟筵许坐久，书法讲论频。
怅望城东路，年年墓草新。

自题吟草后悲春桥先生

人生最是离别苦，哀哉一朝作千古。
钟期死后无知音，从此七弦不复鼓。
回忆先生病危时，榻前执手泪双滋。
唏嘘呻吟叮咛嘱，别后缄口莫言诗。
先生斯言今犹记，中夜起坐常感涕。
此身虽在世间存，此心已为知己死。
一卷装成暗自伤，欲焚不焚意彷徨。
掩卷出门仰天叹，欲问泉路更茫茫。

检阅旧卷再哭春桥先生

开编还忆旧容姿，二十年来酬唱时。
此信九原谁报得，哭君诗后即无诗。①

① 本卷末钤有“耕读堂”白文印。

卷之三

瘞牛

老牛悲且鸣，呜呜似泣语。
物情亦如人，临别感旧侣。
忆昔丁卯春，东市买乳牯。
未几捻匪至，仓皇避强虏。
烽火逼孤城，不异在囹圄。
当此离乱时，何暇饭牛篨。
嗣后妖氛平，始得安农圃。
阴阴绿云中，南陌耕烟雨。
赖之二十年，勇健剧虓虎。
霜花簇绣眉，两角形状古。
客来皆称羡，真堪入画谱。
夕阳芳草天，摇铎过花坞。
今岁告秋成，玉粒收田墅。
方期藏隆冬，来春农事举。
昨日忽闻病，气喘如蛙鼓。
四蹄不能撑，直若倾墙堵。
念尔毕世劳，岂忍委汤鬴。
我亦有敝帷，聊答尔勤苦。

祝陈母庄太宜人寿陈公，湖南沅州人

高高者衡岳，清清者沅湘。
楚南山水秀，贤俊毓雄邦。
陈氏植祖德，诗书蕴辉光。

封翁为厥后，言行端且庄。
伉俪期百年，讵意病而僵。
哀哉命数穷，遽尔入膏肓。
封君通经史，誓死凛冰霜。
投缳复投缳，捐躯池中央。
何幸屡逢救，暂作人未亡。
天心怜贞烈，欲使延后昌。
想及悬弧日，悲喜交断肠。
纺绩操井臼，艰难尽备尝。
寒灯照四壁，课儿在榻旁。
慈母作严师，督责过其常。
英声蜚黉序，云汉期翱翔。
竟值寇匪乱，烽烟遍海疆。
文章变武略，投笔事戎行。
功成皇恩荡，五马耀辉煌。
迎养到粤西，春晖蔼萱堂。
迢迢万余里，征诗佐称觞。
长歌以纪实，兼颂福寿康。
寿比岳麓高，福共湘水长。
福寿垂不朽，竹帛千载扬。

【尾批】叙事详明中自有议论在。/无溢美，无谀辞，极合体例。

晚秋与吟侣东村访宫松坡

秋色满高原，今来践旧言。
共寻过岭路，遥见隔溪村。

水落石泉净，林空鸟雀喧。
幽人犹未起，深竹掩柴门。

剥啄叩林扉，相邀步水湄。
场空犬曝日，果落鸟争枝。
溪色明沙碛，山光淡竹篱。
斯游良可乐，还订后来期。

清溪村外环，散步到村前。
就石安新灶，烹茶汲野泉。
岸凋霜后树，风送雨来天。
倏尔变晴晦，寒林起暮烟。

主人林外别，落日下嶕峣。
犬吠知村近，天昏觉路遥。
星芒依树暗，野火远原烧。
渐次闻更鼓，溪头月满桥。

南园秋晚

溪南村圃近，结屋两三间。
兴至闲吟去，诗成带稿还。
湿云初出水，疏雨半遮山。
更欲寻知己，好将新卷删。

披衣侵晓起，强半课农功。
带蔓收山薯，连根劚晚菘。

病蝇时趁日，落叶不因风。[①]
会得田家趣，此情谁与同。

地僻客常稀，林幽鸟自知。
群鸡争草子，独鹊试风枝。
韭尽芽犹吐，壶收蔓尚垂。
此间迎送少，合与懒相宜。

田家朴俗存，乐岁足鸡豚。
红树深连屋，清溪曲抱门。
寒蔬浇晚茁，残菊护霜根。
最是晚来好，归时月满村。

地势凌高旷，凭高望晚晴。
水光涵日净，山色带霞明。
久立伫遥念，闲吟得散行。
此时机虑静，怀抱若为清。

窗下西风起，清思入夜长。
秋声寒在树，月色迥凝霜。
乍著绵衣暖，新尝豆粥香。
自知情未尽，还把素琴张。

大树

古树几千年，知从何代传。
遥遮山半壁，高障日中天。

---

① “落叶不因风”有朱笔、墨笔先后圈点，旁有墨批：“名句可诵。”

根露狐穿窟，腹空龙积涎。
屡经霹雳劫，铁石化贞坚。

斋居感旧并序

光绪丙子春，偶得“园小”“篱疏”二句。春桥先生爱赏，为书作楹联，今秋从书笥检出，怅然有感，遂足成之。

梦觉野禽鸣树间，垂帘终日自闲闲。
寻常扫地焚香坐，偶尔出门沽酒还。
园小尚堪栽绿竹，篱疏不碍看青山。
年来知己凋零尽，纵有新诗谁与删。

有感

贪婪诬伯夷，谁与释群疑。
诟谤从人起，廉隅自我持。
众论无定日，天道好还时。
多少非常事，端应过后知。

【尾批】定识定力，可以尚友古人。

喜调诸孙

五十邀天幸，含饴乐事增。
朝餐嬉共案，夜读坐围灯。
既喜解经义，还欣骑竹能。
老妻有誉癖，闲话对邻称。

【尾批】写出家庭之乐，又隐然见义方之教，不是一味溺爱也。

送友人辽东应募

辽天霜雪繁，景物异乡园。
日落鼦鸣窟，风来虎打门。
雄关连铁岭，边塞入开原。
到此须投笔，闲将韬略论。

朝寒

朝寒常晏起，笑语满庭帷。
秋秫酿春酒，新绵补旧衣。[①]
檐低霜气湿，窗小晓光微。
一饭欣然饱，厨炊薯芋肥。

偶检春桥先生墨迹悲悼而作

怜君书法古，在世已争珍。
偶检箧中字，还思泉下人。
砚田空驳蚀，尺幅见精神。
遗迹从今贵，传流恐失真。

过坊岭

风色变秋阴，天空清客心。
河随柳堤曲，路入苇塘深。
落叶堆荒碛，寒云拥远林。
驴鸣知已晚，岭外夕阳沉。

---

① “秋秫酿春酒，新绵补旧衣”有朱笔、墨笔先后圈点，旁有墨批：“炼句极工。”

过红绣河

凫雁满汀干，飞鸣意自闲。
短桥横跨水，斜日远吞山。
风叶飘沙岸，霜花摇荻湾。
家人应念我，温酒待归还。

冬夜

画烛照银釭，吟情未肯降。
栖檐风动鸽，吠巷柝惊龙。①
皎洁月当户，横斜梅映窗。
茅斋枯坐寂，隔水暮钟撞。

趋世

趋世不圆转，觚棱谁与谐。
行方皆笑拙，言直却疑乖。
磊落金石性，洁清冰玉怀。
寒松当岁晚，孤立在阴崖。

家嫂诞辰称觞祝寿之作并序

余兄系堂伯之子，来绍先君子为嗣。道光十二年四月二十七日娶嫂单氏，年方十九岁，与兄同庚。是年十一月初九日，兄外出。后传闻在辽东病故，终不知其实所。嫂事亲孝谨，治家勤俭，与物无争，兼知大体，深以翁姑绝嗣为忧，故宗族乡党咸称之。先君子尝语人曰："吾家有孀妇，最为贤孝。凡饮食起居，善窥我心。在外遇有恼怒

① "栖檐风动鸽，吠巷柝惊龙"有朱笔、墨笔先后圈点，旁有墨批："倒装句法最好。"

事，到家顿忘。三十年不觉无儿也。”又嘱云曰：“汝事嫂，当如事母。”先君子捐馆。云不肖，致使家业凋零，艰窭日甚。嫂虽无怨言，云心更觉愧悔。幸邀天眷，稚孙成群。喜嫂届暮年，尚有含饴之乐云。

我父当年苦躬耕，只缘家贫力经营。
行过中年无子嗣，承祧过房为阿兄。
婚娶数月出外亡，阿嫂励志操霜冰。
慈帏欢笑奉甘旨，双亲不觉无男丁。
我自悬弧嫂钟爱，百方护持系攸赖。
私涎财产谋虽多，外强内妒难戕害。
丰美让我自奉俭，昼夜操作那知惫。
殷勤艰苦二十年，家道饶裕渐丰泰。
我长误入游侠场，竟日放浪如颠狂。
呼卢唤雉恣游戏，家业半为我消亡。
嫂屡加规不加怒，有时挥涕无人处。
闭户不闻交谪声，井臼躬勤欢如故。
邻家老妪挑衅变，劝嫂与我速分爨。
阿嫂惊闻含悲语，膏腴良田非所愿。
中夜不寐常坐起，血食默祷邀天眷。
若使宗祧线常延，宁填沟壑死无怨。
我闻此事心转悲，深自痛恨改前非。
天心应怜苦节志，门庭锡庆生光辉。
今年寿高过七秩，精力强健不少亏。
家贫无以为嫂寿，我率一子三孙登堂，
各命尊前进一卮。

【尾批】一字一泪，情真语挚，可与《陈情表》《祭十二郎文》等篇并垂不朽。

早春野步

野禽喧麦塍，携杖看春耕。
岭势抱城曲，天光接树平。
随时生妙趣，触景动幽情。
是处皆牵思，新诗可立成。

春雪

寂历春初雪，因风舞暂时。
尚封背阴路，不著向阳枝。
晕湿欲萌草，寒侵解冻湄。
料应南陌里，嫩绿麦苗滋。

春日偕吟侣东村访友不遇遂步胶溪村沽小酌

只为寻幽客，相邀过石冈。
鸟鸣村树静，风送野花香。
并息沙堤上，联吟古寺旁。
主人久未返，愁思正茫茫。

东溪烟树深，聊复惬幽心。
暖色舒新草，晴光动远林。
闲云无定态，野鸟自清吟。
又听南村寺，泠泠响梵音。

旭日蔼林皋，晴沙遗鹤毛。
临溪花坞静，倚树酒帘高。
暂憩行偏健，长歌兴自豪。
勾留忘日晚，相对酌村醪。

早春雨霁

轻云淡日半晴阴，几树杏花开满林。
到处逢人歌乐岁，一犁春雨一犁金。

初拄杖

昨岁身还健，东劳选绿猗。
出逢生客问，动惹壮儿嗤。
影并花前立，声随月下移。
尚多行乐处，敲果与孙嬉。

拄来身力轻，足底觉风生。
竟忘杖藜步，翻疑骑竹行。
鱼惊临水影，鸟散过林声。
世路虽多险，从今如砥平。

志冤

圣贤虽有训，难处是凶顽。
忍过千般辱，酿成三世患。
人心干众怒，天道待循还。
未识冥冥意，何时诛党奸。

哭卓亭侄

衰年值多故，忧患苦丛生。
既赖排斯难，何能忘此情。

感深空有泪，悲极哭无声。[①]
忆自垂危后，连宵魂梦惊。

回忆昔年事，颠连摧肺肝。
直教从死易，翻觉报恩难。
后事自粗备，遗编谁校刊。
愁看南郭外，侠骨闭荒寒。

【尾批】卓亭自有可取处，存二诗，所以存卓亭。

避居

横逆无端至，何妨远避居。
场园邻学舍，耒耜杂琴书。
有米堪为粥，无钱莫买鱼。
还应行素位，退步自留馀。

古槐

伛偻形状古，虬屈半枯荣。
干朽石撑立，枝空草寄生。
当途根系马，经乱腹藏兵。
见说风雷夕，曾闻龙吼声。

康河早春

旭景蔼新春，清光荡白蘋。

---

① “感深空有泪，悲极哭无声”有朱笔、墨笔先后圈点，旁有墨批：“须为知者道。”

云垂波浸影，风过水生尘。
柳色晴初变，苔痕绿未匀。
冰消才几日，已自见游鳞。

韩坝怀古

隔岭数里闻水声，巴山斜带夕阳明。
潍河旧有韩信坝，波冲浪激轰雷霆。
乱石欹斜形状怪，旋窝溅沫势澎湃。
剔透玲珑水面浮，累累尚有沙痕在。
遗迹当年说淮阴，囊沙壅水智谋深。
至今土人留谚语，灯落龙且反成擒。
相君之背不可量，汉王恩义终难忘。
只因不用蒯通言，致使汉王能将将。
天边木末生寒风，南望东武忆苏公。
起台作记深叹息，犹吊淮阴命不终。
汉家用法真惨酷，淮阴冤狱功莫赎。
天道茫茫人何知，刘氏复遭吕氏戮。
我今到此古战场，临流怀古益堪伤。
英雄如何无末路，仰天一叹天欲霜。

【尾批】议论能贯串全史，真吊古杰作。

早起课农劳倦假寐梦中得独吟苍松乱五字醒后足成之

凌晨睡味浓，野鸟檐前唤。
披衣始启户，曙色蔼春旬。
日照杏花明，簌簌落如霰。
虽服农务劳，安闲从吾便。

高歌陵谷动，独吟苍松乱。
逍遥还归来，诗情随梦幻。

黄仪山先生惠削《游劳记》寄汉瓦砚以谢之

自古文章尚简净，扯杂繁芜真疵病。
放翁曾得茶山语，不参死句方为正。
我自壮年游二劳，聊藉山水任诙嘲。
春咏秋啸无虚日，未免芝兰杂蓬蒿。
先生爱之忘其丑，点窜选评烦亲手。
扫除瓦砾留金石，培植嘉苗锄稂莠。
我非世俗荒伧流，不知反躬省愆尤。
吐辞恶劣翻得意，人或言之却如仇。
拙作纂入二劳志，枉将骥尾附名字。
到家喜对儿孙言，满堂感堕知己泪。
先生先生爱我深，我与先生同千春。
暮云春树虽隔断，还使鱼雁通信音。
百里遥遥赠瓦砚，寄与高斋供清玩。
有时濡墨闲挥毫，开函即如见吾面。

求仪山先生惠作诗序

几年欲识先生面，俗累龃龉那得便。
今岁有缘到二劳，又蒙先生邀酒膳。
语言当心意气投，旨酒嘉肴恣欢宴。
临别再三复叮咛，交情莫使音信断。
当时寸衷欲有求，尊颜初晤何敢僭。
譬若新妇进婿门，拜见良人犹畏惮。
猬猬缩缩低羞容，面赭耳热心慌乱。
有时良人戏与言，正色不肯轻亵慢。

待到归宁浣衣回，面目亲熟情缱绻。
傥得鱼水乐几宵，心有所求方随愿。
我自回归常相思，梦里时与先生见。
苦吟半世何所求，得一知己死无憾。
他年重订二劳游，再拜登堂求笔砚。

望山

携筇曳杖踏晴莎，望里青山景若何。
莫笑青山行又断，青山断处白云多。

挽单烈妇氏为单友仁侧室，友仁病故，氏仰药死

谓卿不死心已灭，谓卿已死名犹烈。
卿之生死难为言，付与彤史寿千年。
友仁先生常抱病，特聘副室佐家政。
沉疴一旦入膏肓，衣带不解摧心肠。
扶柩亲殓自温语，强颜惟恐伤冢主。
承顺欢笑如平时，怀酖不使旁人知。
凛凛冰霜坚矢志，直看一死相从易。
云阴月黑槽灯昏，空堂呜咽哭声吞。
可怜宝婺星光落，断雨零风吹帘幕。
吁嗟乎，哀动天地泣鬼神，堂堂不愧如夫人。

长夜

长夜愁无寐，严城更欲阑。
猫嘘寒被湿，鼠啮臭糇干。
月色凝霜净，钟声到晓残。
窗明知日出，枕上几回看。

猫

曾随番使过西陲，方物联编贡玉墀。
树上扑禽鹰斗捷，床边捉鼠虎逞威。
身闲惯向花阴卧，声细常于月下嬉。
更有奇勋堪重录，不辞寒热护书帷。

【尾批】炼意炼句，不让前人咏猫诗。

海石天成笔架歌并序

癸酉春，余游二劳之八仙礅，过金石滩，拣得海石一枚，乃天然笔架。携归，置之砚侧，隐隐常有云气。遂作此歌，亦平生一快事焉。

东海痴龙抱珠眠，珠吐紫雾龙流涎。
嘘之吸之真精结，千年化石石生斑。
旋窝中含泉鋆溜，两峰低伏一峰攒。
玲珑黛绿色深秀，皴擦仿佛临荆关。
神工鬼斧穷心匠，俨然瀛寰一仙山。
老夫遨游东海上，蹑险路出金石滩。
掇拾摩挲藏袖内，无劳铁网千寻穿。
携归移置书案侧，孔窍缕缕生云烟。
有时把酒对石坐，高架健笔吟诗篇。
诗成烟云满四壁，直如醉卧小壶天。

哭刘鹤峰

亲故凋零尽，频嗟生死分。
旧游惟剩我，亡友又添君。
静对怜清夜，高谈醉夕曛。

不堪回首思，双泪自纷纷。

寻乐

寻乐何须出世尘，虽居城市可安贫。
欲求名卉远投柬，为借新书转托人。
水不混流偏净洁，石无依傍更嶙峋。
莫随时俗逐炎热，用舍行藏要自珍。

内人患疽濒殆竟夜呻吟愁惨而作

恻恻悲往事，戚戚摧心肠。
中夜不能寐，独起坐空床。
念子入我门，四十五星霜。
躬勤操井臼，艰窭苦备尝。
少年被兵燹，流离背家乡。
乱后岁凶歉，水旱罹灾殃。
风雹杂螟蜮，粿粒不登场。
愁惨坐四壁，相对叹屋梁。
中年复多故，父母相继亡。
男婚女又嫁，事事费纪纲。
晚年食指繁，精力两颓唐。
家有十余口，曾无甔石粮。
赖子苦相慰，昼夜细推量。
今春稍安适，始觉菽水香。
长孙能训蒙，次孙学通商。
子孙各安业，饱暖庶可望。
方期臻遐龄，且莫中道丧。
那知劫运迫，耳后发疮疡。
奄奄气呻吟，一息如线长。

呼之不能应，辗转四体僵。
耿耿星河夜，厌厌灯烛光。
对此思往事，使我益悲伤。
人生在世上，穷通付彼苍。
纵有送穷文，投畀以何方。

【尾批】字字从肺腑中出，情真理足，集中诗凡涉于伦常者，皆恻恻动人。

过废村书感

昔过尚青春，今来白发新。
空将离乱日，说向近村人。
寺破檐生草，柳枯枝坠薪。
惟余佛殿碣，倒地没丛榛。

续猛虎行

猛虎生深山，不知仁之端。
故其为民害，恣意肆击搏。
公然占穴窟，当此官道前。
南村号北里，血肉纷地殷。
上帝本好生，万物赖其全。
胡为轻民命，视之如草菅。
我欲匍匐诉，遥隔九重天。
天高苦莫闻，空使泪潸潸。

喜内人病愈灯前闲话

不应垂老泣牛衣，事要从权莫执迷。

屋漏何妨临字帖，盎空便可拟诗题。
典衣籴谷身趋市，种豆无牛人驾犁。
纵到死时皆乐地，含饴相对莫含凄。

岁暮阴潦

自从长至日，雨雪苦兼旬。
路断往来客，门无剥啄人。
云阴常似夏，气暖过于春。
邻舍已难到，汪洋若水津。

自叹

吾生应有罪，诗债了前因。
已作沉沦客，愁逢得意人。
安贫惟信道，守拙自归真。
更有伤心事，秋霜两鬓新。

【尾批】第四句对面一托，叹字之神愈出。

夏日自遣

老尚亲书史，神疲病眼昏。
寡交堪补过，戒酒为多言。
蝉去竹留壳，蛙跳草带痕。
尘心如涤尽，到处是桃源。

诗书叹

我自束发性疏懒，碌碌不知谋生产。
拙劣直似信天翁，食鱼却无捉鱼胆。

迩来霜雪满鬅须，尚有痴癖好诗书。
诗书何能救冻馁，垂老不悟真顽愚。
以此不入时人眼，争趋时尚分冷暖。
佣奴嘲骂童竖讥，乡邻啧啧责疵短。
所业是否难与论，五夜惺惺心自扪。
我今虽被诗书误，犹愿诗书误子孙。

【尾批】一路反蹴得势，至结韵转合，故分外精神，卓识定力，读之使人起敬。

骤寒

昨日晴犹暖，阴云晓骤凝。
风惊声料峭，雪讶势崚嶒。
笔冻书无墨，泉寒汲有冰。
拥炉开卷坐，瑟缩力难胜。

过南村

策蹇过南村，斜日淡林薄。①
是时禾黍收，篱落喧鸟雀。
羡彼田舍翁，身不受羁缚。
子孙不读书，家风却古朴。

【尾批】读末二句，今世读书人应愧死矣。能为是婉讽之言，较昔年诗具有涵养大工夫，敬佩敬佩。

---

① “斜日淡林薄”有朱笔、墨笔先后圈点，旁有墨批：“写秋景入神。”

送流人

万里投荒去，炎州风物殊。
同行孤影在，相识一人无。
岛女抉鱼目，山猺捋虎须。
料知思故土，双眼泪应枯。

贺马丈云程八十八岁生孙

怜君寿已过八旬，身虽康健愁无孙。
今朝卧听呱呱泣，麟儿天使辉君门。
人到晚年寡嗜虑，惟有含饴得欢趣。
跳踯嬉戏绕膝前，生成痴癖自称誉。
信步出门兴欲狂，龙钟忽振衰朽忘。
有时襁抱街头立，直觉力胜百石强。
我闻此事歌且舞，满庭风日生春煦。
无灾无害到公卿，此是坡公得意语。

【尾批】中间无中生有，摹写入妙，读竟使人喜溢眉宇。结韵点醒“贺”字意，语简而味无尽，真入情之作也。

续寒食行

昔年寒食踏青行，路柳墙花相送迎。
斗酒双柑恣游乐，千金难买此日晴。[①]
今岁寒食踏青去，淡荡东风吹草树。

---

① “昔年寒食踏青行”至“千金难买此日晴”有朱笔、墨笔先后圈点，旁有墨批：“相形起，语谐而神伤。”

翩翩逐队皆少年，触目伤心感旧故。
佳节今昔何不同，此意尽在不言中。
昔即是今今是昔，一笑万古真成空。[①]
但愿老来能健饭，三两知交常会面。
荒唐无碍学东坡，灯前说鬼夜达旦。[②]
劝君有酒醉且歌，莫唱楚些泪滂沱。
达观岂为楚些惧，屈宋无乃遗恨多。[③]

【尾批】诗文之妙在转，此诗笔如辘轳，愈转愈妙，故情深韵远，味之无极。

诫孙男金镶金铸兄弟

圣王御寰区，四民系攸赖。
货殖传先贤，亦在经济内。
嗟哉汝兄弟，学因改业废。
弃儒列市门，非必心术坏。
我家素清白，出身当自爱。
一钱要分明，千金置度外。
受托须推诚，卖人实自卖。
见利若动心，自有天道在。

---

① “佳节今昔何不同”至“一笑万古真成空” 有朱笔、墨笔先后圈点，旁有墨批：“一转。”

② “但愿老来能健饭”至“灯前说鬼夜达旦” 有朱笔、墨笔先后圈点，旁有墨批：“二转。”

③ “劝君有酒醉且歌”至“屈宋无乃遗恨多” 有朱笔、墨笔先后圈点，旁有墨批：“三转。”

古来货殖人，行不同驵侩。
勉旃慎始终，持此以为诫。

【尾批】理正辞醇，颠扑不破，然使市侩闻之，必掩耳疾走，曰："今日大不幸，斯言胡为至我耳也。"嗟嗟，人心世道败坏，已不可复救，犹能作此家训，敬佩敬佩。

邀同志赴王丈静岩置酒之约

静岩先生情意殷，置酒悦话嘱频频。
言虽难比耆英会，义取香山聚老人。
偕君及早赴此约，暂抛俗务来寻乐。
醉后狂吟谪仙诗，不与圣贤同寂寞。

【尾批】强作旷怀语，益觉无聊，读之使我心怦怦。

看新县尹上任有感而作

人生不膺一命荣，在世每觉羞颜生。
上无貤封下无荫，惨惨无光若秋萤。
胡为半世不知此，尔我高下苦相争。
螳螂敢萌当车志，蟪蛄妄肆知秋能。
未见淮阴夺赵壁，不信广武能知兵。
五夜扪心若自问，愧杀两鬓已星星。

【尾批】轻世肆志，妙以自嘲，出之则言者，无罪矣。深得风人之旨。

王丈静岩和余感县尹上任诗归而又作

书生夜起嗟命穷，纸上谈兵心尚雄。
自恨此生不得志，妄拟卧龙困隆中。
留侯借箸筹汉策，谢傅弹棋匡晋功。
傥尔斧柯果假手，勋业要比前贤丰。
否极有时转为泰，忽得云路与天通。
金印煌煌初到手，咄咄怪事又书空。
书生作事尽如此，况我龙钟一衰翁。
从今不敢萌壮志，生无侯骨何能封。

【尾批】殷中军、大范老子一辈人，自欺欺人，自误误国，其罪擢发难数。世之居高位，握重权，运筹迂疏，临敌畏缩者，得此诗以调侃之，或知愧而避贤乎？

柬单憩园

近来朋旧甚堪嗟，常到东原悲妇髽。
偶向樽前夸壮健，每从诗内讨生涯。
夕因身惫难迟月，晓为心灰不种花。
最恨与君相见晚，空斋独自感年华。

将夕

漠漠天将夕，掩门钟动初。
渐昏黏壁画，微辨近窗书。
烟起迷松径，灯悬明草庐。
行餐才几许，新月满庭除。

惜春

年来有客惜芳菲，三月心伤对落晖。
纵有黄金买不得，一天柳絮送春归。[①]

① 至此诗集第一册毕，封底钤白文印二“清白家世”“半翁”。

卷之四[①]

甘泉宫长生汉瓦砚歌

汉武海上去求仙，夜光三烛东门间。
玉检金泥修封禅，巡幸岱岳朝甘泉。
甘泉山宫辉金碧，重楼复阁纷钩连。
通天茎台跨霄汉，峨峨下瞰终南巅。
自古神仙轻富贵，翁卿五利非偓佺。
一朝茂陵悲秋草，珠帘甲帐随烽烟。
仙掌露盘委尘土，何况瓦砾埋榛菅。
物之显晦亦有数，蛰龙久伏思腾骞。
断瓦出土知何日，坚润绝似米家山。
长生古篆蟠蝌蚪，文字郁律色斑斑。
此砚无胫走天下，万里迢迢出秦关。
不然如何到我手，始信万事皆天缘。
石鼓岐阳谁得见，赖有诗笔夸苏韩。
我对此砚三太息，愧无佳句将汝传。

题《桃源避秦图》

我闻武陵县，舆图载中原。
与世同宇宙，那得别有天。
繁华据冲要，咫尺见桃源。

---

① 原书诗集第二册自此始，下钤三印，一朱文印“中国科学院文学研究所藏书”，一朱文印“半楼”，一白文印“凤云印”。按第二册亦有封面，草书题签“耕读堂诗集”，下署“半翁自题”，其钤印亦全同第一册。

自古用武地，何处著神仙。
陶公忧晋乱，隐窥寄奴奸。
匡复知不能，赋诗归田园。
迨其篡夺后，操节志已坚。
甲子别刘宋，耻书永初年。
慨念黄虞世，复思绮角贤。
人世两不偶，故设此寓言。
神仙事诡诞，荒唐岂足传。
请读昌黎诗，妙义堪追攀。

【尾批】驳得倒，断得确，说出渊明心事。

王松坡约游樱珠园斋中留饮归而却寄

鸡鸣哓哓催早起，散步逍遥十五里。
一路野风吹衣襟，日未亭午到村里。
剥啄蓬门叩君家，庭前正开牡丹花。
握手寒暄叙未毕，呼僮先烹雨前茶。
又道山樱满园熟，万树参差攒红绿。
此时正堪作胜游，曳杖同过东溪曲。
疑是炎帝下天衢，祝融双驾火龙车。
绛云紫雾随风转，累累化作珊瑚珠。[①]
野鸟啾啾散林薮，时有山犬吠村口。
盘桓多时欲辞归，君言家有一壶酒。
醉后归来意深长，城上鸦鹊叫夕阳。

① “疑是炎帝下天衢，祝融双驾火龙车。绛云紫雾随风转，累累化作珊瑚珠”有朱笔、墨笔先后圈点，旁有墨批：“匠得好。”

人生欢会须记取，作诗寄君君莫忘。

【尾批】张皇幽渺，足使此果生色。

喜生曾孙寄孙男金铭书馆

我家素寒贱，所业在耕田。
耕田既有余，累世守残编。
春秋与古史，经书杂诗篇。
传之二百载，书香尚可延。
汝父性本缓，不知佩急弦。
所以汝兄弟，独赖我成全。
我今年衰迈，须发尽凋残。
汝当体我意，莫使子孙顽。
古人贵庭训，教育在童年。
譬如得璞玉，良工勤雕镌。
襁抱初学语，句读课榻前。
稍长入家塾，寸阴莫轻捐。
择师须详慎，品在学之先。
文章真细事，言行乃相关。
督责总要严，父严子必贤。
他日若成就，家声自能传。
寄诗寓深意，慎勿作迂言。
还当书诸绅，为汝箴铭看。

【尾批】一片婆心，言之娓娓。

赠□□[1]坡

生事在残编，逍遥如散仙。
吟情酒内寄，妙意画中传。[2]
醉眼轻时辈，精心慕古贤。
每逢花月夕，闲步到村前。

村前胶水涯，合得住君家。
绕舍栽疏柳，沿堤种野花。[3]
生徒校书字，儿女话桑麻。
已得陶公趣，悠然乐景赊。

贫后无愁况，端知情性孤。
贫难挠肺腑，愁不上眉须。[4]
有子堪学稼，无田亦纳租。
还思山水好，闲写旧游图。

经年卧竹庐，老与世情疏。
好客常赊酒，求人为借书。
和云移坐石，带露剪春蔬。
纵有伤心事，闲闲自晏如。

---

① 此两字蚀残不可辨。

② “吟情酒内寄，妙意画中传”有朱笔、墨笔先后圈点，旁有墨批：“写意淡如。”

③ “绕舍栽疏柳，沿堤种野花”有朱笔、墨笔先后圈点，旁有墨批：“见诗便知其人矣。”

④ “贫难挠肺腑，愁不上眉须”有朱笔、墨笔先后圈点，旁有墨批：“安贫乐道。”

扶杖课春耕，行行趁晓晴。
薯秧分宿茁，谷种乞新名。[1]
粝食老偏健，粗衣敝转轻。
安心真得法，时出读书声。

把酒

把酒即如仙，浑忘两鬓残。
兴来疑地窄，愁尽觉天宽。
肝胆自倾吐，世情时感叹。
嵯岈诗思满，胸次若峰攒。

邻女辞

阿母养女娇，岂肯投汤鬴。
区区几卷书，毕竟有何补。

屠儿常食肉，书生日忍饥。
宁为屠儿妾，不作书生妻。

【尾批】言之慨然。

落齿

身衰岂独鬓须残，摇落先于牙齿间。
唇似虞君亡虢国，喉如秦地失函关。[2]

---

① “谷种乞新名”有朱笔、墨笔先后圈点，旁有墨批：“诗句亦新。”

② “唇似虞君亡虢国，喉如秦地失函关”有朱笔圈点，旁有墨批：“用典极有趣味。”

老妻对此生悲感，儿女无知觉等闲。[①]
今后不须嚼世味，酸甜苦辣尽除删。

【尾批】感慨之况，耐人咀嚼。所谓味外味也。

和友人登岱遇雨

云气荡心胸，登临似御风。[②]
山腰雨骤急，峰顶日悬空。[③]
宇宙千岩外，扶桑一望中。
无缘探胜境，吟兴与君同。

冬夜读罢

柝声深夜急，读罢欲眠时。
雪气寒侵座，灯光冷入帷。
偎炉仍细看，掩卷复频思。
短榻拥衾卧，还将古义推。

菊感

菊花冷带古香清，开遍空山未有名。
也似诗人蒙鉴赏，一经著笔价连城。

---

① “老妻对此生悲感，儿女无知觉等闲”有朱笔、墨笔先后圈点，旁有墨批：“工绝。”

② “云气荡心胸，登临似御风”有朱笔圈点，旁有墨批：“高唱而入，兴会之至。”

③ “山腰雨骤急，峰顶日悬空”有朱笔圈点，旁有墨批：“见到景。”

世情的是好浮夸，都说牡丹富贵家。
不遇品题陶靖节，何人解得爱黄花。

文人结社赋重阳，分韵拈题称酒觞。
一自千秋留翰墨，寒花晚节始流芳。

花残从古少人怜，尚有东坡句不刊。
虽具傲霜清峭骨，品高更觉识音难。

书斋八咏

汉瓦砚

瓦砚出何代，长生识汉家。
凹深堪聚墨，斑驳自成花。
古篆蟠蝌蚪，镌铭绕蠖蛇。
《来禽》与《快雪》，相对兴无涯。

竹画叉

素有卧游癖，奇观尽在前。
买来新涧竹，挑起古云烟。
鸟逐叉头落，泉随竿下悬。
峰峦满四壁，常伴采芝仙。

石笔架

昔游金石滩，采得小峰峦。
虽具一拳秀，还分三崮攒。
神工穷意匠，鬼斧巧雕剜。
移置书斋内，聊为笔架看。

泥茶壶

谁制钟壶样，少山题旧名。
每怜镌字古，还喜注茶清。
闲坐当窗放，暖斟随手轻。
客来频见赏，把玩到深更。

浸花瓶

花瓶式样古，清供足新奇。
最称倚孤榻，偏宜浸一枝。
横斜堪入画，幽雅可题诗。
对此读书好，悠然终卷迟。

檀香炉

寻常不出门，静坐爱清芬。
吟罢雪初下，诗成香欲焚。
宝光笼象钮，古式篆龙文。
几片消方尽，余烟蔼夕曛。

磁笔洗

小小一磁斗，轻圆贮水香。
土花斑蚀雪，墨渍色凝霜。
称放幽琴外，还移短砚旁。
兴来聊试笔，洗尽媚时装。

铜火炉

铜炉贮火轻，霭霭似阳蒸。
夜读暖书幌，雪吟烘砚冰。
细纹雕亚式，古印刻方棱。

冷处常相伴，心清如定僧。

【尾批】八咏在集中不为佳章，然雅人深致，读之神往，故自可存。

谢马雪堂赠杖

一颠一蹶六旬余，世路崄巇谁与扶。
一自蒙君相赠后，而今始得出迷途。

【尾批】感慨无限，正喻双关，味之愈出。

书斋

两间茅屋足深藏，门外清清水半塘。
盆石藓侵书案润，瓶花枝傍砚池香。
自来自去云三径，相伴相亲月一床。
更拟窗前栽五柳，无弦琴曲乐羲皇。

【尾批】雅极。

春冷

料峭失春气，阴霾迷远峰。
云昏寒带雪，风劲冷于冬。[①]

---

① “云昏寒带雪，风劲冷于冬”有朱笔、墨笔先后圈点，旁有墨批：“妙切春冷，亦匠得出。”

冻合断桥处，冰封汲水踪。
身衰偏猬缩，炉火几杯醲。

弄曾孙

老夫抱孙又抱曾，年虽衰迈力犹胜。
提撕跳踯似解语，未曾入怀唤先譍。
痴心阵阵如爬痒，自觉明珠擎在掌。
眼前期望意何奢，襁抱已作公侯想。

【尾批】诙谐入情，乃写出天伦之乐来。

永夜

永夜月同孤，悠悠钟定初。
细敲吟后句，默想读过书。[①]
照榻灯光暗，横窗梅影疏。
此时诸念寂，机虑尽消除。

骤晴

天边霁色分，雨气尚氤氲。
斜日光流眩，长虹色簇纹。
雷驱风扫雾，电挟火烧云。[②]
最是晚来好，蛙声起水濆。

---

① “细敲吟后句，默想读过书”有朱笔、墨笔先后圈点，旁有墨批：“不言永而永在个中。”

② “雷驱风扫雾，电挟火烧云”有朱笔、墨笔先后圈点，旁有墨批：“写骤字警。”

夜坐

孤灯照榻清，读罢已深更。
身似僧初定，心如月骤明。[①]
梅开窗有影，柝过巷无声。
复念来朝事，村头课早耕。

感秋

老去如秋景，桑榆近晚时。
齿随残叶落，力与病蝉亏。
好静终为懒，耽吟总是痴。
一生成底事，赢得满头丝。

【尾批】比兴无端，所感者深矣，惟亲历其境者知之。

送三岁曾孙归圹

黯黯愁云白日昏，含悲相送出柴门。
也知去后无归路，辗转痴心冀返魂。

读武侯《出师表》

读罢出师前后篇，令人掩卷起长叹。
三分鼎足成功易，一点忠心恢复难。
扶汉已堪归正统，托孤终恨限偏安。[②]

---

① “身似僧初定，心如月骤明”有朱笔、墨笔先后圈点，旁有墨批：“静极。”

② “扶汉已堪归正统，托孤终恨限偏安”有朱笔、墨笔先后圈点，旁有墨批：“二句可作武侯传赞，亦可作武侯庙楹联。”

《春秋》大义垂千古，莫作寻常文字看。

改诗话轩为忆旧斋并序

光绪己亥春，独居轩中，孤吟静坐。忽睹春桥先生所题诗话轩扁额，不禁俯仰悲叹，回忆曩昔话诗之乐，今不可得矣。遂改轩为忆旧，诗以志感云。

忆昔结茅斋，依依古藤下。
四面开药畦，绕径植果蓏。
先生乘兴来，清昼继灯灺。
纵谈古今诗，聊将襟怀写。
因此名诗话，颜之寄风雅。①
人琴既亡后，无复共杯斝。
此乐不可寻，举世知音寡。
论议世岂无，所见皆相左。②
岁月不我留，寒暑易春夏。
忽忽二十年，穷途困坎坷。
无聊自孤吟，吟罢还独坐。
慨然念故人，潸潸双泪堕。
今若仍其名，于心岂安妥。
更名曰忆旧，以示不忘也。③

---

① “忆昔结茅斋”至“颜之寄风雅”有朱笔、墨笔先后圈点，其中“先生乘兴来”至“聊将襟怀写”旁有墨批：“叙来深情郁结。”

② “此乐不可寻”至“所见皆相左” 有朱笔、墨笔先后圈点，旁有墨批：“过峡处感慨无限。”

③ “无聊自孤吟”至“以示不忘也”旁有墨批：“叙到改斋名，揭出忆旧之旨，短音促节，如闻悲咽之声。”按“无聊自孤吟”至“潸潸双泪堕” 有朱笔、墨笔先后圈点。

【尾批】读此使人增交谊之重，亦有关风化之作。

苦寒吟

经旬雨雪不开晴，猎猎狂飙卷冻塍。
茶灶添薪防断火，花瓶倒水恐成冰。
伛偻直似生寒疟，瑟缩真如抱冷症。
竟日偎炉拥被卧，残年衰力更难胜。

【尾批】眼前事，入诗便成佳句，全是锻炼之工。

寒夜怀友

积雪照庭除，荒寒夜色虚。
风狂高战树，月冷近偎庐。
寂寂钟声定，寥寥柝响疏。
森沉将岁暮，未答故人书。

王晓山屡惠医药无以为报遂将家藏刘文清手书字册条幅二事酬赠

古人感一饭，冥报以相遗。
何况死与生，性命呼吸时。
忆昔未识面，但闻精黄歧。
幼孙染足患，风湿病跛痿。
延君到寒舍，一剂起床帷。
此后十余年，音容久乖违。
今春拙荆病，耳际生疮痍。
君言此易事，针砭不须施。

疽指复濒殆，哀号苦难支。
诸医不能疗，旦夕命垂危。
寅夜闻君至，仓皇往求之。
手到症即愈，真如扁鹊师。
相国书法古，真伪少人知。
喜君能鉴赏，堪与文字期。
感深知音泪，刺骨入心脾。
非敢言报德，聊以申吾私。

哀濠民

哀哉濠里忠义士，血作五龙河中水。
五龙河上摆战场，竭忠尽义同日死。
官军乘胜劫邻村，俘虏多是良家子。
旋将孙文斩东门，满城士民皆挥涕。
我闻此事心更悲，捶床大叫惊坐起。
几回呼天天不应，冤苦何能达帝陛。
自从曾左二侯亡，法令坏败何至此。
奸邪卖国通逆贼，官军反为贼驱使。
恶鸱恣意击凤鸾，妖狐乘势攻獬豸。
堂堂国事皆倒行，是者为非非者是。
入夜身疲忽假寐，梦有神来开俗鄙。
春秋大义须自知，褒贬乃是圣贤理。
古来多少忠义士，姓字历历载诸史。
其事其人留简端，至今传诵犹未已。
孙文万古自馨香，生为义士死义鬼。
孔曰成仁孟取义，得地得时全其美。
奸邪死于万人口，遐迩唾骂恨切齿。
天之报施有速迟，远在儿孙近在己。

神语未竟梦已醒，灯下踞床呼笔纸。
写诗聊以作祭文，君其有灵心必喜。

赠梅

昨夜云阴雪满林，梅花开尽遍遥岑。
不同群卉有骄色，只合此君无热心。
影在空山风峭峭，香随流水月沉沉。
襄阳居士跨驴处，几度敲诗费苦吟。

【尾批】独出新意，体贴入微，真不拾人牙后慧矣。

重阳吟

去年重阳秋色老，杯盘狼藉花娇娆。
花醉不须倩人扶，人醉却将花笑倒。[①]
今岁重阳烟尘昏，兵戈扰攘如蜂屯。
骨肉流离不得见，家有百口皆逃奔。
把酒对花花不语，花亦如人带愁苦。[②]
茫茫大劫漫天来，不知那是神仙府。
我生我生命何穷，垂老运蹇逢百凶。
安得中山百石酒，一醉千年寐无聪。

【尾批】说花愁苦，正见人愁苦之甚也。极无理处却极有理。

---

① “花醉不须倩人扶，人醉却将花笑倒”有朱笔、墨笔先后圈点，旁有墨批：“谐语写出兴会，乃激得下文起。”

② “骨肉流离不得见，家有百口皆逃奔。把酒对花花不语，花亦如人带愁苦”有朱笔、墨笔先后圈点，旁有墨批：“与上‘花醉’二句对看。”

冬寒

深院连朝雪，荒寒堆满篱。
犬偎向阳灶，雀闹背风枝。
饮酒暖枵腹，拥炉烘冻髭。
读书神欲倦，只可再吟诗。

树介

冬来事事减繁华，万类潜藏静不哗。
造物应嫌无秀色，特教林树簇冰花。

管来臣自即墨归言黄仪山先生病故惊恸成诗

与君虽识面，未得复追寻。
离别思当日，神交空到今。
纂成《二劳志》，了却一生心。
不见乡邻信，何由闻讣音。

【尾批】提出黄君著作，见其死可不朽。

评诗与选文，回忆泪纷纷。
举世谁知我，倾心独有君。
阴森春日树，惨淡暮天云。
别后犹多恨，况当生死分。

【尾批】提出交情之笃，所以当哭也。

即景

茅斋偃息卧绳床，春日迟迟诗兴狂。
新竹当檐窗透影，残花堕砚墨凝香。
书签蛛戏封题识，画册蠹潜伤印章。
好句从来无意得，不须方寸细推量。

【尾批】静极雅极。

铭孙入泮诗以诫之

我家虽寒贱，累世读诗书。
诗书载至训，仁义为亨衢。
名为仁之贼，利是义之屠。
名利相缠扰，足以亡其躯。
况当生乱世，理应困穷途。
安贫勿逐热，守拙是良图。
汝今邀天幸，此为发轫初。
圣经与贤传，讲诵慎毋疏。
我心深怀惧，惟恐愧真儒。①
谆谆告汝诫，莫谓此言迂。

【尾批】正论侃侃，不愧教有义方矣。

---

① “圣经与贤传，讲诵慎毋疏。我心深怀惧，惟恐愧真儒”旁有墨批：“一结。今人谁解道此者。”另“圣经与贤传，讲诵慎毋疏”有朱笔、墨笔先后圈点。

对竹读书

小院有修竹，萧萧十数竿。
清风时一过，戛戛鸣窗前。
阴阴消炎暑，郁郁夏生寒。
盈盈雨气润，累累露珠团。
晓起散发坐，手把书一编。
一读沁肠胃，再读息尘缘。
三读入化境，万虑皆寂然。
即此为高隐，何必买好山。

【尾批】私欲净尽，天理流行，是大理学，是真诗人。

喜竹歌寄孙男金铭

天公当春鞭蛰龙，阴云漠漠雨蒙蒙。①
此君似解老人意，嵯岈乱笋攒笔锋。
我自去年栽幽竹，天气亢旱雨未足。
炎帝火车争奔驰，萌芽不动枝叶秃。
雨晴把酒酒初醺，我与此君有夙因。②
吟到此君清绝处，不知是我是此君。
诗胆得酒自倾吐，芒角棱棱出肺腑。

---

① “天公当春鞭蛰龙，阴云漠漠雨蒙蒙”有朱笔、墨笔先后圈点，旁有墨批：“奇想乃见得喜字意。”

② “炎帝火车争奔驰”至“我与此君有夙因”有朱笔、墨笔先后圈点，旁有墨批：“‘炎帝’二句极力一顿，‘雨晴’二句陡然一折，中间似接不接，神来之笔。”

人生在世贵适情，何必戚戚自寻苦。[①]
我家虽无黄金籯，破砚传家亦堪耕。
须知天伦有至乐，新诗寄汝汝应赓。[②]

【尾批】直从得雨竹生叙起，倒叙入天旱伤竹，用笔不平。接下更不再叙得雨竹生，以起处已写足，避复也。“喜”字逐层摹写，妙不写其面而写其意，经营惨淡，出以自然，乃集中上等杰作。

酬王丈静岩为参订诗稿

自恨失学髫龄时，竟日嬉戏恃娇痴。
稍长放浪违亲意，家塾不入功常亏。
荏苒三十始知悔，手把铅椠学吟诗。
人皆鄙薄难就正，幸有春桥为我师。
嗟嗟先生归地下，得句无人共敲推。
黄金难买幽冥路，一从死别空增悲。
有时思欲求知己，却似有病无良医。
不料与君逢萍水，差堪共订文字期。
出诗相示得直谅，点窜不惜心神疲。
披沙拣金繁就简，评语不作虚誉词。
自古诗人皆有幸，天必使之知己知。
可久昔契张水部，燕本亦识韩昌黎。

① “吟到此君清绝处”至“何必戚戚自寻苦”有朱笔、墨笔先后圈点，旁有墨批：“又转出一层。统前后凡三层，乃写得喜字更无剩意矣。”

② “我家虽无黄金籯”至“新诗寄汝汝应赓”旁有墨批：“喜字又转出一层，恰结到寄诗，与上二层不复。”另“须知天伦有至乐，新诗寄汝汝应赓”有朱笔、墨笔先后圈点。

今纵不敢与古拟，执彼例此事相宜。
喜极出门仰天视，秋月皎洁星光稀。

圣教歌

圣教开自洪荒初，上由羲轩下唐虞。
禹汤文武及周孔，列圣传心心不孤。
杨墨邪说乱天下，为我兼爱君父无。
天生孟子绍列圣，卫道好辩醒顽愚。
吕政焚书灰未冷，汉兵已至咸阳都。
历劫不磨鬼神护，书自焚后充五车。
昌黎辟佛著《原道》，惟恐生民惑浮屠。
谪贬潮阳亦天意，投荒万里驱鳄鱼。
生性刚愎王介甫，牴牾二程排伪儒。
程门遗学禁场屋，赖有复古紫阳朱。
前明道学相继出，王薛讲诵周寰区。
力矫元弊归正始，泽延我朝陆稼书。
此道已阅数千载，前后照世如明珠。
乃知天心系此道，此道若倾天必扶。
嗟哉今何倡异教，捏造妖言肆奸徒。
究其何以愚黔首，利之所在人争趋。
莫谓从此纲常绝，罪大终难逭天诛。
一旦云开复见日，坐看雷霆击鸮狐。

【尾批】上下古今，卓识定力，是中流砥柱，是大道干城，以诗格论，当与李义山《韩碑》篇相颉颃，亦集中之杰作也。

壬寅人日古城登高书感

连年扰攘不自聊，节届新正增郁陶。
出门厌闻灯花事，念及时势心忧焦。
今逢人日无所往，曳杖信步过西郊。
西郊古城旧游地，追踪昌黎说登高。
去岁痛被强虏据，四面皆插营垣标。
拆毁庐舍掘坟墓，尸骨狼藉暴林皋。
伤哉目真不忍睹，掩面挥泪首频搔。
天地顿觉生异色，白日惨淡风萧骚。
方哀死者逢虐虎，更悲生者同饥鹗。
彼何人斯主和约，卖国翻说慎邦交。
赂纳洋款四百兆，金多无措加征徭。
小民生计悉抽税，物力岂容漏丝毫。
死者无知陵谷叹，生者多累《苌楚》谣。
我今衰老愁末路，虽欲襁负将焉逃。
羡尔燕雀无远虑，暂栖幕上即安巢。

【尾批】哀音促节，读之觉举目山河真堪流涕。

诫墀儿兼示孙男金铭兄弟

邪说今为乱，常忧圣教倾。
人趋当世利，我重异时名。
有识力方定，无求心自平。
闲时展书读，惟恐愧周程。

【尾批】三四坚卓，可以砭愚订顽。

自慰

布衾嘘气暖，独宿静如僧。
境否转家运，老鳏多寿征。
梦犹偎短榻，醒复恋残灯。
后事何须虑，达观心自澄。

【尾批】三四于难堪之况，偏寻出乐意来，虽是谐语，亦是实理，非仅强托蒙庄之学以自解勉也。

慰内人病

否极不忧病，病极不忧死。
死生两无忧，胡为泪不止。
我本旷达士，反复究其理。
虽云隔幽明，不过分彼此。
逝彼何足悲，处此何足喜。
彼此暂别离，终当会蒿里。
汝先命驾行，我亦具行李。
相去瞬息间，翘首堪立俟。
上可奉双亲，诸姑与伯姊。
下可见弟兄，娣姒及奴婢。
儿孙皆成立，何必挂诸齿。
行矣莫回头，乐哉泉下美。

【尾批】起二句理足情真，戛戛独造，似古歌谣中语。中后以旷达作骨子，曲曲写足"慰"字意，然细味之，总是无聊之极思，歌以当哭耳。

和王丈静岩感遇二首

瘦骨支离日益残，冬绵未脱夏犹寒。
三生巧遇悲何在，五夜穷愁强自宽。
贫友情多同醉易，名山缘尽再游难。
更怜比岁老妻病，卧榻呻吟心倍酸。

昔日喜闻儿与孙，只缘广嗣继寒门。
家无甔石反为累，囊有诗书何足论。
几夜吟髭霜飒飒，十年病眼泪昏昏。
怜君感遇同斯况，茧裹丝缠敢厌烦。

【尾批】真情苦语，与我同心者，惟瑞庭耳。若次方则异是，盖其年尚富，其志趣便有时高兴，视老朽辈正自殊科也。次首尤觉沉痛，读之令人百感交集。

和王丈静岩感遇漫吟二首

精神顿减似昏迷，幸有儿孙慰藉辞。
守道虽蒙前辈许，安贫甘受下流欺。
青年学废身名贱，白首愁多心血亏。
自愧治生无善策，邻家笑我太憨痴。

晚炊才罢虑晨炊，薪桂米珠欲倩谁。
纵有好诗能寿世，断无名句可充饥。
应怜杜甫投人日，莫怪陶潜乞食时。
多少前贤皆若此，乐夫天命与君宜。

【尾批】心有感触，朴实说来，更无隐讳，最见古谊。

内人病笃

自从疢疾苦年年，今到垂危一息延。
蚊蚤交侵愁入夜，星河惨淡盼明天。
丧赀累累忧无备，殓具般般虑未全。
幸有持家儿妇孝，不辞炎热问餐眠。

【尾批】三四情景逼真，非身历者不能作，亦不能解，吾与瑞庭有同慨焉。

脱累

病妻和缓药难痊，系累吾身困数年。
直似沸汤浇脏腑，浑如重担压腰肩。
出门常与知交遇，开口难将苦况传。
好是今朝消夙债，东原且去卜牛眠。

【尾批】句句入情，真说得到。

伤逝

断雨零风吹满堂，夜深衾枕欲生凉。
邻家有梦皆沉睡，空室无人独感伤。
辗转频思平日语，踟蹰犹忆殓时妆。
明年寒食汝知否，还向坟头奠酒浆。

【尾批】三四宾主相形，凄然欲绝。

中秋望夜和王丈静岩感赋四首是日内人病故四十九天

素幕高张设盛筵，儿孙罗列拜堂前。
伤心不向天边望，疑是今宵月不圆。

生死悠悠永别离，焚香灌酒本来痴。
绝情何至如斯甚，魂魄曾无入梦时。

勤俭持家六十年，残丝败粒肯轻捐。
料知冥路无资斧，不见来收半纸钱。

三生有幸得逢君，晨夕相过臭味亲。
莫怪新诗情意合，须怜都是老鳏人。

【尾批】四诗足见情真语苦，拙作以详而蓄意始尽，尊作以略而余味曲包，略与详殊不必同也。

海疆吟

圣王抚方夏，在德不在险。
贤臣寄封疆，恃智尤恃胆。
秦关非不固，楚人易残殄。
金兵非不雄，岳家军难撼。
东晋虽疲敝，王谢自勇敢。
国家若有人，岂畏敌侵犯。
大海界华夷，天堑不通舰。

是谁阴揖盗，鱼肉资狼啖。
临事皆缩头，尊人甘自贬。
不能展一筹，何时靖獯狁。
吟罢惟长吁，仰天空愁惨。

【尾批】持论正大，有廉顽立懦之功，即具救弊扶衰之志，慷慨悲歌，抱负非凡，亦今世有心人也。

寒食行和王丈静岩

去年寒食自愁苦，病榻卧听呻吟语。
今岁寒食更无聊，东原浇墓魂难招。
悲莫悲兮生死别，一日断肠九回绝。
君不见，有客同病心同伤，
裁缝烹饪不相当，青枫树下独彷徨。

【尾批】真气盘结，故节短而韵长，觉强摹韩苏大篇，自矜才富，堆垛粗泛，神味苶然者，殊不值作者一哂也。[①]

---

① 本卷末钤有“耕读堂”白文印。

卷之五

和王丈静岩麦天新霁歌

雷公挟电来西北，愁人欲眠眠不得。
披衣启户仰面看，星月无光夜深黑。
慨自去岁粮价高，饥饿道路声呶呶。
我家亦有十余口，老弱疲羸腹难枵。
况兼今春少晴旭，麦社阴雨老农哭。
古谚虽然不足凭，私心忧惧常默祝。
侵晨天光忽放晴，喜看城郭连绿塍。
桑柘叶肥田苗润，野风吹落麦花轻。
曳杖归来诗兴起，忧乐相关为知己。
我生虽无皮陆才，新诗和君君应喜。

【尾批】情真理足，语语打入人心坎中。至于格法之老，气脉之清，自当以此事推袁。

喜麦秋

我似病鸟经强弩，胆破不敢闻铜鼓。
况今时已届麦秋，风伯惑妒雷公蛊。
阴雨连夜神魂惊，侵晨忽见天开晴。
田父欢呼农子应，柴车轧轧牛铎鸣。
我虽衰老邀天眷，年近古稀身犹健。
手携孙曾荷箪瓢，南亩徐徐去行饭。
穲稏风清麦登场，饼饵新炊满厨香。

分食礼应教儿女，祭寝罗拜先荐尝。

【尾批】起得奇横，似东坡，中后写“喜”字，层次清晰，津津有味，娓娓可听，诗之妙品也。

幽栖

幽栖深僻处，斗室曲如蜗。
披径牵牛蔓，沿墙瞿麦花。
时因招野侣，闲话到桑麻。[1]
即此安吾拙，陶然乐景赊。

吴道子观自在像

东坡曾评道子画，画品未堪摩诘对。
摩诘之画清且敦，道子犹列画工内。
文人习气各有私，坡公本爱维也诗。
只因爱诗更爱画，故于二子分妍媸。
我今见此古遗像，笔力千秋塞天壤。
不加粉饰自庄严，伫立低眉层云上。
瞻仰移时转凝思，想其下笔风雨驰。
坡公犹以画工论，此语毋乃将人欺。

【尾批】翻东坡案，创解快论，如此读书，真足目空千古。

① “时因招野侣，闲话到桑麻”有朱笔圈点，旁有墨批：“五柳佳句。”

驴

策蹇高人事，行行懒著鞭。
嗅怜芳草地，仰笑夕阳天。[①]
得得梅花外，依依湖水边。[②]
自从小野后，画意有谁传。

高云卿旧藏古瓦一片乞为镌识意欲以他砚易得既悟而归之因赋诗自克

文人多嗜砚，非必是歙端。
名高汉魏瓦，品第古所传。
吾友家蓄一，持来倩我镌。
如玉色之润，如金质之坚。
摩挲不释手，阴垂攘鸡涎。
须臾忽转念，忠恕愧昔贤。
夺人之所爱，于心岂能安。
欲原不可纵，贪则必招愆。
莫谓此事小，处世理当然。
镌罢谨封固，赵璧全归还。

【尾批】小中见大，诗品颇近康节先生。

咏端研

端溪古研秘云岩，未识何年妙手劖。

---

① "嗅怜芳草地，仰笑夕阳天"有朱笔圈点，旁有墨批："匠物极工。"
② "得得梅花外，依依湖水边"旁有墨批："运典入化。"

自不能言常韫匮，时因写意又开函。[①]
质坚浑若笔锋劲，色润真如墨渖衔。
材本天生应有用，徒劳顽石乱交谗。

喜秋熟

禾黍狼藉恣鸟雀，田家乘夜绩绹索。
馌妇椎髻无铅华，肩荷箪瓢饷秋获。
回忆刈麦课农功，油油良苗满田中。
尔时私心常忧虑，夏怕潦雨秋怕风。
而今万宝告成熟，亚旅壮健驱黄犊。
瓯窭污邪同时收，篝车辐辏来原陆。
满村老幼齐登场，家家笑说农务忙。
天公应怜疲筋力，今秋豫赐来春粮。
新米入市可换酒，年丰岁稔称富有。
待到场涤报赛时，喜看村社醉耆耇。
慨自夷氛肆灾殃，十年无此好风光。
国家祥瑞须为纪，纪事聊以作诗章。

【尾批】将乐岁景象一一写出，至于“喜”字，则不待言矣。

织妇辞

虫声啾啾复唧唧，少妇夜深当户织。
脉脉不语暗自伤，月下停梭起叹息。
秋风萧萧旅雁飞，万里征人犹未归。

---

① “自不能言常韫匮，时因写意又开函”有朱笔圈点，旁有墨批：“寄托处品格自高。”

塞雪无边黄沙暗，不知何处寄寒衣。

【尾批】忧怨之辞婉挚可感，可谓善于学古矣。

草书歌

醉后顿觉天地窄，临池泼墨十指黑。
欹斜歪正两三行，醒来再书书不得。
自古书法尽如斯，矜心作意反为疵。
不知何人留妙诀，酿酒百石真良师。

【尾批】草书妙处难以言传，此以不言言之，而草书之妙传矣，诗境几与陆放翁作相伯仲。

柳树瘿笔筒

千年老树患腹痈，五丁砭破藏蛰龙。
唾沫流涎岁月久，精液化瘿瘿成筒。
今春忽然雷声动，神龙飞去腾虚空。
色泽黝亮明澈骨，凹凸剔透玲珑通。
千奇百怪形状古，天成何用施磨砻。
公输见此亦束手，应叹造物匠心穷。
昨日友人持相赠，携归移置书斋中。
有时醉卧南窗下，笑看四壁攒笔锋。

【尾批】诗境在韩苏间。

谢王斐卿惠制书函

几卷装成后，还期异日芟。
蒙君知鄙意，为我制新函。
那有惊人语，空招众口谗。
如何同嗜好，古味识酸咸。①

哭单憩园

去年残腊时，才得读君诗。
既恨分离早，犹悲相见迟。
帷空饥鼠啮，书乱蠹鱼欺。
遗稿尤堪虑，收藏幸有儿。

【尾批】起四句悲涕之极。

感梦寄王丈静岩

几载蒙知遇，交情日益深。
老鳏同苦况，贫病各愁吟。②
暂别每相忆，索居频见寻。
还须魂梦里，闲对快谈心。

夜静

寒更催短檠，积雪照窗明。

① “如何同嗜好，古味识酸咸”有朱笔圈点，旁有墨批：“结意古奥。”

② “老鳏同苦况，贫病各愁吟”有朱笔圈点，旁有墨批：“臭味相亲，自当如此。”

默读寂无响，微吟细有声。
屋低知更暖，裘敝觉偏轻。
未识今宵里，霜髭断几茎。

【尾批】三四写“静”字入微。

南坞栽树

岁月匆匆如逝波，古稀年近鬓毛皤。
也知浓荫当前少，但愿生机此后多。
几处垂杨拟空地，数行烟柳选平坡。
我今用尽栽培力，他日还吟大树歌。

【尾批】穷且益坚，老当日壮，些子事足征瑞庭真本领，真学问，读之使我一往情深也。

哭王文静岩

人生如是毕，未有目瞑时。
昨日犹欢聚，今朝竟别离。
凭谁扶幼女，何处托孤儿。
恍惚疑君在，凄风吹素帷。

丙午元旦书感

夷氛捻燹屡惊传，家室扰攘苦播迁。
几度逢凶复化吉，今朝方到古稀年。

除夕十二咏 **皆思静岩先生感伤之作，盖人生各有心事，虽妻子尚不得与言，况他人哉。噫，穷哉！半楼何垂老偃蹇如斯也。故赋此诗。**

老儒

书卷塞胸中，伛偻若鞠躬。
重听心却静，盲视色全空。
亲炙接前辈，传经启后蒙。
知音凋谢尽，晚景与谁同。

老将

梦里夺雄关，醒将剑铗弹。
阵图还自演，斗米尚能餐。
百石角弓力，一身金镞瘢。
忽闻和议定，白发怒冲冠。

老农

毕世苦经营，劳劳华发生。
有心分地利，无力事春耕。
量月验丰歉，相牛知性情。
敢言邀厚福，强健是余赢。

老仆

行年过七旬，霜雪满头新。
不怕赴汤火，犹能救主人。
司阍亲掌钥，将命慎延宾。
自说平生事，一尘难染身。

老妾

鸟啼春色阑，春去逐花残。
花落辞枝易，色衰专宠难。
重衾身未暖，孤枕泪应寒。
多少伤心事，来朝对镜看。

老妓

寂寂守空房，无人暗自伤。
易生倾国色，难得有情郎。
未学新时样，还梳旧日妆。
早知门冷落，悔不嫁茶商。

老马

瘦骨势崚嶒，追风旧有名。
将军曾托命，破壁去擒生。
蹑险跳天堑，冲围探贼营。
王良今已殁，枥下独悲鸣。

老牛

漠漠海云屯，蒙蒙烟雨昏。
随鞭开柳陌，摇铎入花村。
毕世劳筋力，残生疲野原。
胡为勋业掩，耕籍不加恩。

老犬

风雨满天昏，犹能夜守门。
欲将防盗意，去报主家恩。
摇尾迎佳客，曲身偎短垣。

皮毛皆脱落，只有朴忠存。

老骡

万里尚驰驱，身残力有余。
犹随天厩马，并驾玉衡车。
渡口板桥阔，驿亭杨柳疏。
自从归枥下，豢养不如初。

老驴

缓缓过清溪，夕阳芳草时。
频邀吟客赏，得遇画师知。
犹识梅村路，难忘湖水湄。
依然鸣树下，瘦骨自离奇。

老猫

华堂十二栏，鱼肉尽肥鲜。
但得守帷苦，岂能同鼠眠。
童娃偏解爱，奴婢亦垂怜。
竟日呻吟卧，依依主母前。

检《竹庆集》悲王文静岩

只为酬知己，新编《竹庆篇》。
诗登才几首，死别又经年。
今世不能见，来生定有缘。
音容犹记忆，恍惚坐吟筵。

火车

相君抚外夷，帷幄运枢机。

欲画安边策，须知防细微。
雷轰千里动，烟起四轮飞。
一旦潜师入，猝然难解围。

喜立春

人老爱熙阳，欣欣乐意长。
腊除知病减，春入觉身强。
暖色舒庭草，晴光动野塘。
田家应更喜，此日卜丰穰。

哀静岩先生复作寒食行

去岁寒食春色深，尚有知己伴孤吟。
今年寒食悲旧故，男啼女哭扫新墓。
人生七十故人稀，出门怅怅无所之。
少年时把老翁唤，老翁到时少年散。
言语颠倒形容乖，冰炭不入难和谐。
漫说五福先称寿，鲐背鹤发真丑陋。
我今歌罢寒食行，青枫树下雨冥冥。
伤心回首问泉路，泉路茫茫不知处。

立夏前一日送春感赋

把酒送春春又还，依依只在夕阳边。
明晨未到犹堪赏，此日虽残尚足怜。
绿柳趋炎脱旧絮，青榆夸富散新钱。
劝君且莫悲摇落，天道岂能无变迁。

秋晚

秋山霜叶黄，雨霁晚添凉。

危堞沉烟雾，残钟送夕阳。
乱飞鸦失次，将落雁无行。
迢递南溪路，樵歌过石梁。

居处

居处在尘寰，胸中自有山。
雨晴云骤懒，风定树常闲。
窗破蛛封网，门关藓蚀斑。
诗成无秀句，留与后人删。

知过

如何起贪心，贪字形近贫。
古人以为戒，其语当书绅。
四十心不动，何况年七旬。
老若不知止，奇祸烈如焚。

哀范生鸿恩并引

生东武北鄙人。停科场后，家人迫之入教堂。喟然曰："诡路求进，正士不为，况师馆已定，岂可二三其德乎？"家人执意颇坚，生言终不能入，自谓枉生不若直死，遂号泣终日，至夜，缢于书斋。余甚哀之，故作是诗。

方今圣教倾，人自愧周程。
但使洁身死，胜于浊世生。
行高儒士表，辞正鬼神惊。
此后有青史，简端留姓名。

忧愤

生逢乱世命何极，老弃诗书学货殖。

教读不得列市门，心怀忧愤情凄恻。
近闻场屋又停科，虽有智者无如何。
山川枯竭天地闭，恨无索靖泣铜驼。
广厦庇士超前代，祖宗旧制岂可废。
士气未散心未离，何必置之王化外。

拣旧作口占

白首尚经营，劳劳了此生。
但教诗得法，不借句留名。
五字难争价，千秋有定评。
唐贤三昧在，格律自分明。

晴雪

西风吹雪雪侵晓，出门忽惊天地小。
红日倒射白玉壶，流光眩目目几眇。
自古诗人有多少，欲写此景难脱稿。
安得白战苏眉山，六一全军一笔扫。

冬景

春夏奢华秋惨凄，清幽惟与冬景宜。
郭外虽无花千树，庭前尚有梅一枝。
松色苍老冷偏秀，山骨清瘦寒更奇。
霜凋篱菊留余艳，风战檐竹挺劲姿。
饥雀啄木散冰蕊，冻蝇弹窗堕尘丝。
偎炉高士招僧弈，曝背老翁弄孙嬉。
昨夜南山三尺雪，游行不厌蹇驴迟。
坝陵桥上苦吟日，聚星堂中唱和时。
世人原无真嗜好，物转心移随盛衰。

虽有好景不能赏，俯仰太息频嗟咨。
漫说袁安能卧雪，瓮牖自有好晨曦。
请看古来豪杰士，岁寒坚操无转移。

建坊

石坊突兀当要冲，先书官爵后书功。
眼前富贵风中烛，烛灭风定即成空。
苔蚀藓剥自朽腐，断梁颓柱埋榛莽。
后有过客寻旧踪，不知正作谁家础。

麦秀双歧歌

丰年二麦秀双歧，史笔大书特书之。
生当上古升平世，符瑞自有掌故记。
方今国事皆倒行，士气未散科场停。
元旦上元屡垂戒，日蚀月亏真骇怪。
吾家今岁麦新收，黄云翳翳满平畴。
一茎飘飘摇双穗，直似天花随风坠。
田父诧异牧童嬉，四野啧啧争传奇。
老夫无德敢言瑞，五夜私心常忧惴。

与李子卿小酌怀旧游诸友

不敢览清镜，恐惊霜满髭。
香山缘易散，洛下会难期。
离索悲今日，交游忆旧时。
惟君与我在，犹得醉双卮。

咏蝉

生不染尘缁，临风动远思。

身教离热处，意自羡高枝。
柳陌初晴日，槐阴晚照时。
如何吟正苦，流响绕书帷。

秋蝉

淡日照秋岑，寒蝉隐处深。
遭时虽不偶，抱病自孤吟。
气逐浮云散，声随落叶沉。
栖迟林下意，谁识不平心。

中秋节因雨不得赏月次日晴明喜而有作

秋云起晚津，漠漠雨连晨。
忽见当空月，如同逢故人。
清光寒带雾，皓魄净无尘。
散步东园外，晶莹夜色新。

老翁

年老爱新妻，情多喜晚儿。
吮痈偎黛缘，舐犊弄娇痴。
重耳奔逃日，申生被杀时。
劝君须早悟，骨肉莫乖离。

重阳日与三二老友携酒西陵登高晚归

携酒邀同赏，登高兴不违。
路随红树转，人背夕阳归。
陇麦抽□细，村蔬宿茁肥。
到家餐未毕，新月入双扉。

寻菊

秋来百卉尽残伤，惟有菊花堪傲霜。
竟日欲寻寻不得，谁知消息在重阳。

寻乐并引

客有问余曰："家计多累，何吟苦如此？"余笑而不答，归作长歌，聊以自解云。

我生不似潘邠老，一见催租诗兴倒。
此心纵有万斛愁，诗兴还向愁里讨。
平生诗癖爱晚唐，孤僻冷峭喜贾岛。
中夜不寐苦推敲，研霜磨月坐待晓。
秾艳不羡玉溪生，风雅终慕许丁卯。
穷通夭寿付天公，家计难将吟情扰。
渊明随时爱景光，诗名万古争皎皎。
放翁寸心常便便，胸中自有好诗稿。
虽然不敢拟古贤，岂可碌碌一生了。
人生寻乐须及时，有乐不寻反懊恼。

自况三首

漫嗟一事了无成，幸得闲闲老此生。
身体坚强堪受福，子孙安分足怡情。
晨耕童饷箪瓢乐，夜绩女工灯火明。
末路还须攸好德，言行慎莫失乡评。

衰年不必慕荣褒，自有田园作解嘲。
客到论文相切磋，僧来得句共推敲。
孙曾会意勤沽酒，儿妇窥心善治庖。

人若如斯斯已足，晴窗且去借书钞。

年来忘却满头丝，常伴邻翁饷麦菑。
老似廉颇能健饭，穷如杜甫苦吟诗。
家庭肃肃清平日，儿女熙熙和顺时。
此是天伦真乐事，无忧无患到期颐。

大风

西北起狂飙，云昏迷水坳。
猿窥将坠果，鹊护欲倾巢。
砂势飞强弩，松声激怒潮。
柴门应尽掩，那有客来敲。

庸子

庸子无知觉，一生浑噩噩。
不顾身后忧，但图眼前乐。
心内昧是非，亦不择贤恶。
姑息自养奸，祸乱萧墙作。

老叹

头童齿豁力凋残，回忆青春再得难。
生客面誉称壮健，故人情动起悲酸。
每当盛夏不知热，未到初冬先觉寒。
幸有淑媛执妇道，日调鱼肉劝加餐。

丁未元旦歌

嗟我三十览群籍，镇日斋头弄纸笔。
光阴冉冉到六十，自愧学无治生术。

幸赖子孙能砚耕，谋得馆谷聊度日。
更幸强健如壮年，耳目通顺无疢疾。
昔闻不朽古有三，欲思不朽先立德。
又闻有德必有寿，人若无德寿难必。
我家累世四壁空，虽欲立德苦无力。
自料不能到七十，谁知又到七十一。

赠单季怀

怜君远宦到闽中，两袖落落怀清风。
只缘吏治不称意，归去来兮囊橐空。
长江万里风送客，士民啧啧思召伯。
急流勇退在识时，从此不上治安策。
到家喜对知己言，须发苍苍爱生还。
西窗夜雨复剪烛，细说讲学武夷山。
今年寿高登八秩，强健犹能览群籍。
授书教读非谋生，聊藉门徒近纸笔。

雨雹

群生孽满罪难逭，上干天怒降灾谴。
特将雨露化冰雹，直似强弩射金弹。
二麦粉齑苦连阡，禾苗油油皆糜烂。
麦秋已过老农忧，仰屋坐对妻孥叹。
须知天心本好生，民是天民天应眷。
安得浇俗变淳风，明堂献瑞歌岁晏。

麦秋丰乐词

仲夏真令节，丰乐见尧天。
二麦既收获，人心自恬安。

富不劳经营，贫不忧饥寒。
岂似前春时，俗务苦纠缠。
官府停科税，里邑罢市廛。
月夜无犬吠，笑语满场园。
桑椹堪煮酒，升斗换鱼鲜。
念此丰乐日，忙人亦偷闲。

月夜访张润之归后却寄

好是晴秋夜，天空无片云。
幽人灯下别，归路月中分。
柝急满城动，砧寒隔水闻。
旧交零落尽，知己又逢君。

过胶州怀高南阜

病而用左左而神，画笔诗情两绝伦。
道德愈高毁愈起，世间多少告赃人。

秋夕步月

四壁啾啾响草虫，扶筇曳杖过溪东。
云初出水偏能绿，月未离山分外红。
处世无惭方入道，读书有得不为空。
风凄露冷侵衣薄，又听天边叫断鸿。

秋景

秋色满秋畦，秋光到菊篱。
天空晴益净，山冷瘦多奇。
鸡啄吟蛩砌，猫窥斗雀枝。
壮心殊未减，游览竟忘疲。

偶然作

论年七十稀，何必寿期颐。
细数一生事，只输半着棋。
人衰无壮日，花落有开时。
万虑皆归尽，陶然醉酒卮。

咏史九首

三代治天下，刑措置无用。
下车泣罪人，哀矜而号恸。
秦汉多酷吏，残忍用法重。
血流延成河，闻者心骇恫。
赫赫上帝心，天网疏难纵。
作法当自毙，请君还入瓮。

先师有遗训，必也先正名。
其名若不正，大事终难成。
嗟哉汉昭烈，言借荆州城。
厥名既云借，不还势必争。
荆襄已颠覆，梁益自当倾。
以此观成败，信诈岂无征。

庸愚喜生子，不知是忧患。
贤者能继述，恶者恃梗顽。
辟强祖吕氏，汉祚几播迁。
李繁秘疏稿，奸相擅威权。
二公皆伟人，有子不能贤。
惟有张南轩，紫阳下笔难。

天伦有至乐，仁风蔼家庭。
父子亲为先，其次弟与兄。
晨昏不可阙，何况悬死生。
伯道好名士，不幸值乱兵。
弃子负侄逃，无乃非人情。
不见第五伦，子病寐难成。

太宗真英武，广训辑政要。
如何夺弟妃，淫乱有成效。
武韦两才人，几于覆宗庙。
迨至天宝年，函关戍卒叫。
删诗存淫风，圣人深垂教。
邪正皆可法，上行下必效。

伟哉宋太祖，创业自非难。
陈桥值兵变，黄袍加身间。
寅夜冲雪游，促膝就臣欢。
君臣既相得，谈笑释兵权。
一误不再误，辜负其前言。
天道岂能爽，南渡乃归还。

温公昔用人，必问其家道。
治国先齐家，所关非草草。
富且能养廉，贫则贪莫保。
然而豪杰士，岂屑计温饱。
韩信曾乞食，陈平亦盗嫂。
以此衡伟人，岂不失二老。

一人难行劫，万人易称兵。
天心欲降乱，党羽必丛生。
荆公性刚愎，邪僻吕惠卿。
章惇更执拗，相济以同声。
青苗务财用，伪学排二程。
随声附和者，多如牛身虻。

孔子论王道，君哉者舜也。
赞其能识人，五臣治天下。
延及后代君，能识人者寡。
莫甚于明季，怀宗无勇果。
承畴失松山，遥祭泪还堕。
不杀熊廷弼，焉能如解瓦。

答友二首

知是桑榆景，黄昏到晚时。
穷愁犹易遣，老病却难医。
野近每独往，山遥空与期。
漫嗟人事变，物理有盈亏。

近得读书力，随缘了夙因。
壮儿欺老丑，饥犬恋清贫。
名自留山寺，诗难悦世人。
殷勤修末路，珍重百年身。

惑蛊叹

有客惑蛊不可医，老年弦断续新妻。
自觉三万六千日，直到百年无死时。

伛偻襁抱小儿女，床头蹀躞更龃龉。
千金欲偿儿女债，债多金少难偿补。
蟪蛄苦不知寒秋，凉风未动命先休。
死后是非谁管得，空余累累无限忧。[①]

① 本卷末钤有"耕读堂"白文印。

卷之六

过山村

山村藏涧底，云气晓蒙蒙。
日午人方出，石臼临水舂。

过潍县怀韩公复

公复先生城外居，樱桃园里自耕锄。
当年江县曾为宰，宦橐只余几部书。

谒孤山伯夷庙碣志待清处

待清清处白云多，万古千秋隐薜萝。
称与不称谁管得，至今犹唱采薇歌。

过青州怀赵秋谷

才调从来诗兴豪，当时海内擅风骚。
功名断送寻常事，还是弹词一曲高。

过牛山

此是古齐地，牛山迹尚存。
水无林木影，石有斧斤痕。
雨露沙田润，风尘野寺昏。
崎岖岩下路，鸟雀弄朝暾。

过长山怀范文正

斜阳衰柳绕回塘，城邑区区似僻乡。

一自埋金古寺后，连山草木有真香。

初至济南

山水济南天下无，风光的是擅名区。
我来欲写苏公意，落笔难成索句图。

谒铁公祠

铁公铁公真似铁，孤城困守难挫折。
皂纛旗下夜誓师，士卒忠愤皆泣血。
睢阳临阵恨切齿，常山骂贼怒咬舌。
天堑失守金陵陷，背立南向不屈节。
耳鼻寸磔骇骨烹，鼎镬灰冷心犹热。
四肢焦枯面如生，须发倒竖双眦裂。
春秋大义满乾坤，要与太祖扶嫡孙。
以此何堪论成败，事虽不成名位尊。
铁公庙貌垂千古，燕王事业委尘土。
心香荐罢祭新诗，红日当空天正午。

趵突泉试茗

济南七十有二泉，就中趵突足奇观。
石窦倒卷水飞立，清光不照尘客颜。
我来掬水品茶坐，冷味入口爽心肝。
不知何人能七碗，洗涤凡骨化为仙。

过白雪楼怀李沧溟

迢递西城白雪楼，前朝诗话更清幽。
明湖遗迹今何在，剩有孤舟送客愁。

过秋柳院怀王渔洋

骚坛领袖几经秋，秋柳疏疏映画楼。
一自鹿鸣重宴后，何人湖上再停舟。

古历亭

历下古来有此亭，亭高四面碧波澄。
料知红藕白莲外，定有吟魂杜少陵。

明湖晚眺

晚来游客动归思，画舫双双行又迟。
湖上居民烟火起，斜阳犹照铁公祠。

济南口占

满城游客尽衣冠，驷马高车日往还。
莫说此间无净土，红尘不染峼华山。

留别济南同游诸子

秋逢月朔雨声酣，旅馆烹茶对客谈。
借问归期何日好，皆言明早是初三。

早发济南

早起理柴车，行行意自如。
封题新旧笔，检点往来书。
野雀导前路，山云遮敝庐。
何时到乡井，南陌课耕锄。

溪上新居

两岸树扶疏，新阴翳草庐。
一登溪上榻，三检箧中书。
分种邻塘芰，移栽别浦蕖。
苔矶晴后净，闲坐数游鱼。

鹰

飞电射双睛，狰狞狐兔惊。
云霄方得路，原野又擒生。
雪漫关河迥，沙埋碛树平。
何当更愤志，搏击振风清。

古铁刀

斑驳灿烂明朝霞，背嵌一枝赤金花。
相传旧是秦宫物，犹带楚汉战场沙。
自从荆轲刺秦后，暴君畏祸慎防守。
阿房宫女佩此刀，日夜不敢离左右。
千年古物自通神，行踪落落如高人。
寻常岂肯脱颖出，暂寄吾家避风尘。

赠张昌言

蚤岁才名远，穷途困一衿。
青云悲末路，白首失初心。
壮志随风减，衰颜并雪侵。
知君多晚景，对影自愁吟。

赠张兰阶

穷外天无与，撑肠独有书。
有才方若此，无命复何如。
文字贫应贱，生徒老更疏。
会看春色至，次第满蓬庐。

赠单雨田并引

光绪己亥夏五月，洋贼据城，逼索银两。先生挺身自任，贼载数千两而去。余敬，作此诗以志其德云。

好善本天性，元功自化成。
居心兴古道，无意羡高名。
到处皆烽火，满城多苦兵。
非君筹巨款，那得见升平。

早春偕单雨田李少甫张润生王立斋游东武诸山

共有同心乐，春游趁暖时。
临歧车暂息，问渡马先嘶。
朔望浑忘日，山程聊记诗。
遍探名胜地，虽老不知疲。

只轮车

车小只轮快，逍遥任远游。
欹眠平似榻，危坐稳如舟。
影过花村静，声穿柳岸幽。
老佣行渐倦，数息野桥头。

查私学

去年学堂立，今岁停科场。
崇邪黜圣教，闻者尽悲伤。
“且夫”与“尝谓”，固难识子房。
倘有文信国，必不入学堂。
自从开科后，名臣出胶庠。
胡为分公私，家塾犯王章。

开编并引

宣统元年春，吟侣有欲刊《游劳记》者，然诟谤者多，而称誉者寡。夜不能寐，深痛黄仪山、王静岩两先生之亡也。噫！钟期死后，孤调独弹，茫茫天涯，识音者谁，悲夫！

开编感激深，不语泪沾巾。
读罢悲知己，吟成吊故人。
名心如未动，诟谤自无因。
欲问千秋业，端应身后珍。

过莱州怀杨公伯起

杨公遗爱满城香，三月甘棠花正芳。
后有却金贤太守，停车先问四知堂。

度岁

贫居无贺客，不用问周旋。
残腊辞中夜，新春接旧年。
阳回身体健，运转寿征延。
好是家庭乐，先分押岁钱。

秋晓

早起精神爽，衰颜对镜看。
发疏知帻大，身瘦觉衣宽。
山月斜初敛，村钟续未残。
今宵霜气湿，红叶出林端。

秋思

晚年无事累，衰病是闲身。
半榻中秋月，孤灯独夜人。
流光低入户，飞影远驱尘。
未觉天将曙，茅檐霜气新。

水西贻燕堂席上咏玉兰

几树香侵座，开樽对玉英。
只应尘外见，直是雪中生。
月出色偏净，风来声更清。
主人分韵后，好句醉难赓。

慨世怀丰治年间中兴诸公

山水竭枯草木萎，虞渊沉后不胜悲。
砭愚那有剖心法，疗俗曾无刮骨医。
治术精通遵旧典，军机神妙化新奇。
群英济济今何在，文运应随国运衰。

秋夜迟月

人生过七旬，朋旧少来亲。
独有新秋月，偏怜老病人。

缘深多后会，情密是前因。
居处虽高远，流光若比邻。

寄赠胶西茂才李西斋

读书无战场，只合事青囊。
施尽养生药，钞成得效方。
教儿勤稼穑，对客话林塘。
只以交情笃，相思别后长。

戒奢

病躯衰又残，儿女劝加餐。
食肉分应越，当身心未安。
韭菘堪适口，菽水足承欢。
此后须从俭，贫家全孝难。

冬暖野游

散步野园里，闲看曝背人。
晴当长至日，暖过小阳春。
韭发连畦绿，梅开绕屋新。
冬来偏壮健，不似老年身。

宣统辛亥元旦大水

除夜盆倾雨，阴森逼冷朝。
霪流伤屋宇，水涨断溪桥。
雾重城萧索，泥深巷寂寥。
天公垂戒后，谁敢问征徭。

辛亥春雨雪阴潦忧郁而作

潦水集花村，泥泞难出门。
森沉摧日短，阴惨逼天昏。
齿落食无味，指僵呵未温。
畏寒宵更甚，暖席仗曾孙。

辛亥秋水叹

小人得志布新政，新政殃民民疲病。
茫茫大劫卷地来，桃源无路难逃命。
秋雨积潦水连天，家室漂荡如风船。
新麦旧谷沉巨浸，残丝败絮随波澜。
老夫呼天天不应，空对妻孥衰泪迸。
安得春回蛰龙飞，坐看雷霆诛奸佞。

再赠单雨田

雨田先生身体健，鹤发萧萧风前乱。
行年今已到八旬，为善孳孳犹未倦。
日夕风雨满城昏，灯下踟躇叹乡邻。
东家贫困西家窘，曾未念及到儿孙。
光绪己亥西夷叛，炮声连天烽火遍。
逼索洋款数千金，神色不动自筹办。
合邑感德十余年，惟我刺骨入心肝。
中夜起坐常默祝，但愿福寿相绵绵。

夜坐

南寺钟声动，呼僮掩竹笆。
巷敲巡夜柝，邻语绩麻家。

月黑初生魄，灯昏渐吐花。
诗成才入卷，更鼓满城挝。

辛亥纪乱

时当冬腊寒，雪夜苦颠连。
劫掠到官署，摧残遍市廛。
星光飞杀气，晓色带烽烟。
不幸生斯世，遭逢悲暮年。

辛亥冬自书诗集后

陶公避世永初时，甲子还书晋义熙。
此道从今应绝笔，集中难入伪朝诗。①

---

① 下钤“半翁”白文印，至此诗集第二册毕，封底钤白文印二“清白家世”“半翁”。

耕读堂文集[①]

高密孙凤云瑞庭氏著
同邑王广微静岩选评
男墀、孙男金铭、金镶、金铸校订
自同治甲子至光绪乙巳，共为一卷
凡文三十二篇

传[②]

余少年从事墨卷，故于诗古文辞未尝窥其门径。己亥岁，家运世变，交迫于怀，始托为韵语，以自抒写，而因得识吾瑞庭焉。瑞庭氏孙名凤云，别号半楼。其自述云，幼耽吟咏，尤嗜古文，长误入游侠，壮乃悔之，从单春桥游，讲解讨论廿余年，著《游崂纪》二卷、《辛丁纪乱》一卷、《耕读堂文稿》一卷、《耕读堂诗集》六卷。彼时生当盛世，读书乐道。今遇夷氛，志亦稍稍衰矣，心灰意冷，笔砚几废，何幸垂老而遇静岩也。窃读瑞庭诗，诗如其人，大抵以气骨胜。读其文，文亦如之，即不经意之作亦有可观。顾吾之识瑞庭者以诗文，而吾之所重瑞庭

① 原书一册，封面有草书题签"耕读堂文集"，下署"半翁自题"，左下两印，一印白文"凤云印"，一印朱文"半楼"。

② 原书下钤三印，一朱文印"中国科学院文学研究所藏书"，一白文印"字余瑞庭"，一白文印"孙凤云印"。

者则又不在诗文。瑞庭笃于孝友,生事葬祭必以礼,奉寡嫂至谨,嫁诸女弟丰俭适宜。女弟有孤孀被恶族欺凌者,挺身自任,不避艰险,数讼而始安。悔已失学,课子孙綦严,皆能蜚声黉序,可谓承先启后,大本大原之间无愧矣。瑞庭喜谈论,方其横据一几,畅所欲言,眉飞色舞,旁若无人。每笑而规之曰:“元龙豪气未除,曷少安毋躁?”终弗能改也。然以是故,益爱瑞庭。谓其言动发乎天真,故门内之行敦,而随事感触,著于诗文,亦卓荦不羁,与摹拟声调、比栉字句之迥殊也。爰综括其行事而传焉,持示瑞庭,瑞庭必辗然曰:“垂老得静岩,幸甚,生平知己不数春桥矣。”甲辰清明日,静岩王广微撰。[①]

耕读堂铭

耕田养身,读书养心。衣食之本,礼义之根。人生大道,古圣所尊。富何足荣,贵何足钦。素位而行,以示子孙。颜之于室,无古无今。

【尾批】起四句名论不刊,下语如铸,疑是从朱文公集中摘出。良玉精金,可敬可敬。

耕读堂家训十要

做事要稳妥,说话要斟酌,处世要浑厚,居家要和乐,耕田要辛勤,读书要广博,养女要贞静,教儿要朴拙,婚嫁要节用,衣食要俭约。凡此十要者,人生有所托。还当书诸绅,为我金石药。

【尾批】字字确,故字字炼,真可为座右铭,拜服拜服。/二作兼有纯儒气象,名士风流,不得作寻常文字观也。

---

① 原书下钤二印,一白文印“王广微印”,一朱文印“静岩”。

格心斋铭

心格于善，无忧无患。善恶之间，只在一念。念兹在兹，力行勿倦。歧路不惑，邪说不乱。冰渊如前，兢兢战战。颜之于室，是为龟鉴。

【尾批】可与张子“善忘机”之说相表里，真见道之言。

吊李义士文

李义士某者，忘其名字，即墨城北人。光绪戊戌冬，洋贼潜师航海，袭夺青岛。海防官军不战而溃。虏其主将章高元而械梏之。长驱直入，逢州而州尹纳款，遇县而县令出迎。一时之兵戈扰攘，遐迩不得宁焉。

义士忿语人曰：“区区异类，何能有为，我必尽杀之，以雪朝廷之耻。”是日，持刃伺于邑之西门。未几，有贼入城。义士击杀一贼，而群贼惊窜。次日，群贼逼胁县令，逮其父兄五人。义士挺身出曰：“我为国杀贼，勿累父兄。”遂厉声叫骂，[①]引颈而受戮。

余闻之叹曰：“悲哉，此义士也！然贼之锐气亦可以少挫矣。”[②]

昔秦始皇灭六国而兼天下，自以为天下之人皆北面趋附，无敢正窥我者。不意留侯博浪一椎，误中副车，顿使暴君魂飞胆裂，惴惴然而惮心生焉。其后陈涉发难，刘、项从之，天下之忠肝义胆者亦闻风

---

① “遂厉声叫骂”上有眉批：“大声疾呼。”

② “此义士也！然贼之锐气亦可以少挫矣”有朱笔、墨笔先后圈点，上有墨笔眉批：“令读者不觉扬眉吐气。”

而响应，三年之间，卒灭无道秦，皆此一椎之力也。[①]

嗟乎！一人之心即千万人之心，假使千万人之心尽如此一人之心，不须朝廷军马之劳、粮饷之费，贼势虽众，自可歼除耳。乃为民上者，徒令贼纵横于郡县之中，长寇雠，阻众怒，竟使天下忠肝义胆之士尽裹足而束手焉。[②]

吾故曰："今之为民上者，皆此义士之罪人也。"[③]

【尾批】议论透达，结构精严。

节披论

客有从沂州来者，言某令县试，首场题为"《诗》云'维石岩岩'"。通场士子，齐声喧哗："此题究出何经何传？"欲请示焉。某令闻之，旋更牌出，朱笔大书：《诗》云："节披南山，维石岩岩。"又将"彼"字误书为"披"。此公身系孝廉，何决劣以至如此？

余闻之，笑曰："古之学者为己，今之学者为人。古今之学判若两途，又何足怪？古之学者知信乎古而不知合乎世，知志乎道而不知同乎俗，青年志学，皓首穷经，精练治术，晓畅兵机，虽终老林下亦不知悔。若使其出仕临民，与国宣力，何事而不为利器哉？今之学者知合乎世而不信古，知同乎俗而不志道，沽名钓誉，以制艺为筌蹄，制艺而外，一无所学。一旦春风得意，即汲汲于禄位，趋炎附势，奔走不暇，

---

① "不意留侯"至"皆此一椎之力也"有朱笔、墨笔先后圈点，上有墨笔眉批："凌空起步，以古证今，事不必类，理可相通，此乃文家离字诀，所谓文似看山不喜平也。"

② "长寇雠，阻众怒，竟使天下忠肝义胆之士尽裹足而束手焉"有朱笔、墨笔先后圈点，上有墨笔眉批："读至此，目眦尽裂。"

③ "今之为民上者，皆此义士之罪人也"有朱笔、墨笔先后圈点，上有墨笔眉批："结归义士，神不外散。"

患得患失之心耿耿不忘。诸如此类,又何往而不为'节拔'哉?"

噫!世之如此公者不寡矣,君何怪焉?客嗟叹而去。

【尾批】似唐宋人小品。

游五莲山记

东武之南,有山曰五莲,为青州胜境。马耳常山在其北,东界庐山,西邻九仙,南违海五十里。四面峰峦环绕,而五莲居其中。上有僧寺,寺僧豪富,膏腴数百顷,甲于东武。余艳之久矣,未获一至也。

今春得暇,于清明后曳杖负笈往游焉。当晚,宿月沟友人家。越日,至东武。登超然台,留诗于壁。再行,宿常山僧舍,读苏文忠碑。黎明早行,过花村数处,一路春光明媚,天气和畅。日未午,至山下野店,枕流架木为屋,暂沽酒而小憩。

既乃由盘路上山。两旁古松,大可数围,虬枝龙干,怪状百出,交柯接叶,上覆如云。至山门,寺僧迓入客堂。寒暄微叙,邀观山景。殿宇宏阔,佛像庄严。亭台楼榭,布置得宜。寺后并列五峰,蔚然秀起,形似莲瓣,盖五莲之名殆因此也。迤西曰寥天阁,上插霄汉,下临深涧,石级悬空,层累若梯。其下曰松风径,自此攀援而上,凭栏闲眺,极目千里,吞远天,挹大荒,此则五莲山之大观也。

僧邀入阁内,开窗试茗。余不禁叹曰:"乐哉斯游也!"僧曰:"吾久住此山,阅人多矣。凡来游者,未必尽知此乐。"余曰:"何谓也?"僧曰:"夫游山之乐,不在乎山,在乎游人之心也。知此乐者,遇之于目即得之于心,将岩壑之胜,殿宇之丽,竹树之秀,花鸟之美,一一托之于文。文若得传,而山亦随之。山既得传,而名得不朽矣。否则,岂不负此游乎?"

余默默无以应。退而思其言,岂其托之于文而欲传其山耶?抑其托之于山而欲传其言耶?

此僧谓谁？一空上人也。

【尾批】写山景处如画如话，入后翻进一层发论，生面独开，深得唐宋人诸记妙境。

春桥先生传

单春桥先生，讳永安，为密邑诸生。性纯孝。[①] 父病痹，口不能言，手不能书。昼夜躬侍汤药，未尝少懈。视无形，听无声，能知父心之所欲，而必使遂焉。

先生工诗，善草书。诗出李鲁钦之门，深得唐人三昧。集若干卷，曰《寄意斋吟草》。书法董、赵，晚年专学怀素。尤精于《易》理，著有《读易遵闻》《读易述闻》《读易测蠡》，并藏于家。

云尝受诗于先生，朝夕过从二十余年。先生亦如昌黎得东野，将唱和无尽年矣。[②]

光绪辛巳秋，忽染腹泻不医之症，竟归道山。

先生殁后，云心神恍惚，行坐不安，如是者数载，悲思先生。每欲作一小传，苦索穷搜，不能成语，然自以为尚有待也。[③]

今行年老矣，齿摇摇而落，发萧萧而脱，以此故不敢待也。[④]

将述先生之言耶？先生之言已见于著作矣，无庸述。将述先生

---

① “性纯孝”有朱笔、墨笔先后圈点，上有墨笔眉批：“三字便为春桥占得身分，是作者有识见处。”

② “先生亦如昌黎得东野，将唱和无尽年矣”有朱笔、墨笔先后圈点，上有墨笔眉批：“顿挫处声极悲咽。”

③ “然自以为尚有待也”有朱笔、墨笔先后圈点，上有墨笔眉批：“顿句亦凄然欲绝。”

④ “以此故不敢待也”有朱笔、墨笔先后圈点，上有墨笔眉批：“应一句又凄绝。”

之行耶？先生之行已载诸志乘矣，亦无庸述。

若此则无可述矣。所述者，先生将殁之遗训也。忆弥留时，执云手曰："古之所谓诗人者，子知之乎？不汲汲于富贵，不戚戚于贫贱，素位而行，无入而不自得焉。夫既不能与贵者同登两榜，又不能与富者致有千金，野鸟鸣春，秋蛩啸月，良可悲也。然而志在千秋，不在一时，以古人为同心，以后人为知己，何富贵之足云？古人有三不朽，太上立德，其次立功，其次立言。诗亦立言之一端也。若富贵势位之辈，不过草木同腐而已。盖吾人为诗，贵乎陶淑性情，抒写心志，断不可讥讽时世，品题香奁，以自取罪戾。况诗以人传，人若品高，诗亦随之；一行若坠，诗虽传，适足遭掊击耳。古之诗人，莫不以品行自相砥砺也。"①

噫！先生之诲人者如是，先生之言行亦因之而见矣。② 谨述此以为传，与其友李子范存之，亦先生之志也。

【尾批】凡立传，苟其人有大学问大勋绩，固当详述之；若无翼圣之功、名世之业，而亦必饰词胪举，以欺后人，此誉墓之例，非为契友纪实之所宜也。瑞庭此文，识解极高，春桥得此传可无憾矣。

重修关帝庙记

光绪己亥春，王生润斋告余曰："吾居宅迤西，古有关帝庙，祠宇卑狭。吾祖起台增修，迄今八十余年，风雨剥蚀，瓦瓴损坏，思欲出赀重修，奈家道艰窭，孤力难成。复思沿门求助，又耻托钵。二者不能

① 此段上有墨笔眉批："春桥以诸生困老，言行原无可殚述，入手特揭出大根本，此又详载临终论诗一套纯粹议论，便包得一生言行亦如此纯粹也。"

② "先生之言行亦因之而见矣"有朱笔、墨笔先后圈点，上有墨笔眉批："应句文法精密。"

自裁,愿先生为我图之。"

余闻之,慨然叹曰:"大凡天下事,因热于人者难成,操券于我者易济。[①] 方今天气亢旱,数月不雨,虽慷慨好义之士,亦忧凶歉而不暇及此,何况悭吝龉龃之徒哉?且人生处事,必待有余而后为,天下无可为之事。"[②]余言未毕,王生起而谢曰:"先生教我乎!"遂毅然自任,择期鸠工。街邻闻之,亦皆踊跃争输,未三旬而告成。

嗟夫!余尝求古仁人孝子之心,即不能有功于国家,亦思有功于祖先,莫不以相承为急务也。若乃祖既增修于前,其孙又续修于后,前后八十年如一日,是诚近今所罕觏。[③] 圣人云:"夫孝者,善继人之志,善述人之事。"若王生者,可谓孝矣。

生,余姻家子也。余既壮其志,而又喜其事之竟成也,因援笔而为之记。

【尾批】夹叙夹议,笔意纡余为妍,卓荦为杰,似欧公学史迁文字。立言得体处,则以与人为善作文骨也。

重修宫氏族谱叙代宫某作

家乘重修,上绍祖宗之德,下贻子孙之谋,岂非人伦之大,族谊之胜举哉?然苟不得其人,富者或靳于财,贫者或悭于力,虽云胜举,何由而成?

---

① "因热于人者难成,操券于我者易济"有朱笔、墨笔先后圈点,上有墨笔眉批:"崇论闳议,宜王君之心折也。"

② "且人生处事,必待有余而后为,天下无可为之事"有朱笔、墨笔先后圈点,上有墨笔眉批:"名论不刊,警策动人,文笔耸拔尚属余事。"

③ "余尝求古仁人孝子之心"至"是诚近今所罕觏"有朱笔、墨笔先后圈点,上有墨笔眉批:"一唱三叹,有遗音者矣。"

吾宫氏自始祖历九世方伯公，始有谱牒。惜代远年湮，所存寥寥。道光丙申，三叔祖松园公慷慨出赀独修，迄今花甲已周，又六十年矣。在当时松园公，即家道饶裕，乐善笃亲，然孤诣独力，亦难事耳。况今子姓虽繁，比户式微，较之当时，不更有难乎？①

余深怀此虑，惧事难成。商之族侄承先，承先毅然曰："吾叔何虑之深也？夫天下之事，不患不能，患其不为；亦不患不为，更患其不诚。苟能推诚以待人，天下无不可为之事，何患乎难？"②

于是族众皆然其论，踊跃争输，远访近采，循仿旧章，纂续成帙，谨择于正月壬子日开雕，至十一月戊申日而告成。

呜乎，此亦吾族之大幸矣！谱牒之修，前有松园公慷慨出赀之义，后有承先侄推诚接物之仁，故难事而易成也。犹愿后之踵修继起者，皆当以仁义居心，何患千百万世吾谱牒之难耶？③

余虽谫陋，聊赘数语，以志颠末。至若原籍乡贯，近徙远迁，某支显达，某支蕃衍，旧叙原跋，备载详明，夫复何言？

【尾批】不没人善，君子之心。赞叹表扬，不为溢美，尺幅中具绝大丘壑，非深于古文者不能。

玉峰先生传

高玉峰先生，讳德瑛，高密人，道光丙戌科岁贡，恩贡生、候选司

---

① "在当时松园公"至"不更有难乎"有朱笔、墨笔先后圈点，上有墨笔眉批："过峡宕跌多姿，古文神境。"

② "夫天下之事"至"何患乎难"有朱笔、墨笔先后圈点，上有墨笔眉批："名论独抒。"

③ "前有松园公"至"何患千百万世吾谱牒之难耶"有朱笔、墨笔先后圈点，上有墨笔眉批："语长心郑重。"

训，蔚文公之次子。蚤岁失恃，有至性，善承继母欢。依依膝下，虽寒暑未尝少离，以此深得亲心。其兄为邑诸生，析爨有年。兄殁，赡养孀嫂。己虽窘迫，每推馆谷以给。姊病托孤，故后携甥于家，抚若己子。值岁荒，拮据艰难，体恤备至。

先生虽处颠沛不幸之际，不以利害动于中，不以危急移其守，真可谓大本无亏者矣。①

先生自弱冠，即以文章名于时。四方从游之士，赖以成立者甚多，世遂谓先生之为人，已于文章见矣。殊不知文章小技，何能见其大节？世之优于文者岂寡哉？未必尽如其言，而能优于行也。② 先生事父而及后母，膝下承欢，几不知其为前母所出也。先生敬兄而及孀嫂，赡养终老，几不知其为分爨各度也。先生哀姊而及孤甥，体恤教育，几不知其为抚他人子也。孟子曰："仁者以其所爱及其所不爱。"此之谓也。③

云卿为先生之嗣孙，余契友也，是以知之甚悉，谨书以为传。

【尾批】见得到，说得出。具此手笔，真足显微阐幽。前叙后断，伏应处一气浑成，知其寝馈于唐宋诸家者深矣。

为儿妇张氏祈病疏

维光绪二十七年，岁在辛丑，建申月初九日，谨备香楮酒醴，致敬

① "先生虽处颠沛不幸之际"至"真可谓大本无亏者矣"有朱笔、墨笔先后圈点，上有墨笔眉批："断制紧严。"

② "世之优于文者岂寡哉？未必尽如其言，而能优于行也"有朱笔、墨笔先后圈点，上有墨笔眉批："抑扬有致。"

③ "先生事父而及后母"至"此之谓也"有朱笔、墨笔先后圈点，上有墨笔眉批："归结处若网在纲，有条不紊，全幅精神于斯毕现。读至此，不禁浮一大白。"

于皇天后土之神曰：窃闻福善祸淫，理之当然。故孔子云："获罪于天，无所祷也。"

今我儿妇张氏，自入我门，已三十年矣。贞静孝顺，克尽妇道，此皆里闬之所共闻也。至若相夫教子，御下容众，以其常语细行，不必悉述。第就其大本无亏者陈之。

祖母病痹，数载不起。躬侍汤药，手除便溺。心和意谐，谈笑与偕。生养尽孝，死葬尽哀。此其大本之无亏者一也。姑性严峻，曲意顺承。晨昏定省，低声逢迎。今有两媳，身犹奉侍。三十年来，如同一日。此其大本之无亏者二也。

张氏有此二端，是无获罪于天也。既无获罪于天，亦可以有所祷矣。伏祈皇天后土，洞察愚诚，永赐保全。如其有罪，情愿广行善事，以赎其谴。举家不胜惶恐，只得沐手焚香，谨奉疏以闻。

【尾批】理直故气壮，荷天之休，固其宜也。文体则自欧苏杂著中摹拟得来，时人不知有此矣。

牧民说

窃闻一邑之令，万人之命。牧民之任，不亦重乎？自古名臣循吏，莫不兢兢业业，夙夜匪懈，思尽厥职焉。故《书》曰："一人有庆，兆民赖之。"

古之牧民者，民有父母，思以养之。民有子弟，思以教之。民有冤抑，思以伸之。民有盗贼，思以除之。凡有利于民者，无不苦心焦思，推而行之，使四境之民，熙熙和和，常戴雨露之天，厚于国而薄于家，曾无念及妻孥之忧。及其挂冠致仕，两袖清风，即糟糠粗给，亦不知悔，欣欣然淡泊晏如也。

今之牧民者，民有钱帛，思以夺之。民有麻絮，思以索之。民有旌表，思以掩之。民有赈粟，思以吞之。凡有害于民者，无不加意穷恩，苛而求之，使四境之民，扰扰攘攘，尽赴汤火之鼎，厚于家而薄于国，曾无念及君相之恩。及其被弹罢归，一乡豪富，虽珍羞罗列，犹不知足，赫赫然骄奢横如也。

嗟夫！余尝读历代之史，其大小臣工，载诸简端者，不胜枚举。某某忠，某某奸，一字之褒，荣如华衮。一字之贬，严如铁钺。为民牧者，可不慎欤？且天道茫茫，报施不爽。忠者后裔显贵，奸者当身灭亡，亦可畏也，亦可鉴也。

呜乎！古之牧民者，爱民也。今之牧民者，殃民也。古今人之不相若，可慨也夫！

【尾批】正襟危坐，侃侃而谈。牧民者苟稍有天良，得见此篇，定当书之座右。

重阳雅集叙

光绪辛丑，重阳日，同李君立亭及王静岩、单忍堂、李子卿、毛次方游东陵之文昌庙，登高雅集也。

此地岭势蜿蜒，林木蓊翳，虽逊山海之观，亦擅丘壑之胜，洵为佳境。时则霜露初降，枫叶微丹，云净天空，风清日暖。田父荷锸而藝麦，牧子扬鞭而叱犊，直似中秋气候焉。乃有游人结侣，歌于途，息于树，伛偻曳杖，缓步当车。老者前，少者后，携酒而挈肴者，往来不绝，一段丰穰景象，信可乐也。

游览移时，席地而坐，肴核杂陈，杯盘狼藉。猜筹行令，脱帽相呼。余不禁叹曰："乐哉游也！然斯游之乐，亦不可多得矣。"或曰："此言何谓也？"余曰："良辰易遇，嘉会难期。去岁烽火逼城，炮声震天，流离奔逃之际，虽欲与诸君优游此乐，岂可得耶？抑曩者天气亢旱，数月不雨，方怀饥馑之虑，何暇登眺之欢？当此之时，虽欲与诸君优游此乐，又岂可得耶？今即天降甘霖，密境亦号粗安，然与虎同居，一刻尚不敢保。生离死别，不知其时，更何能与诸君豫定来年之乐耶？古人云：‘及时寻乐，即是便宜’，正此谓也。”语罢，众皆感叹，慷慨悲歌，畅饮大醉，趁月而归。

【尾批】前半叙事步步有关锁，后半感慨系之，将过去、现在、未来种种悲伤曲曲写出，妙统括一乐字串下文，律最为紧严。

祭立亭先生文

维光绪二十八年，岁在壬寅建辰月十七日，谨备椒浆生刍，致祭于李君立亭先生之灵曰：

呜乎悲哉，吾无知己矣！

回忆四十年前，南匪北窜，烽火漫天，相与奔避守御，同患难，共生死，颠沛流离之际，相扶而相持者，几五六年。思及此，乌得不悲也！

既乃南匪歼灭，海内肃清，生承平之世，遇无事之秋。读书乐道，诗酒相欢。登山临水，杖履追随，意气投而言语合。风晨雨夕，不时过从，垂三十年。思及此，乌得不悲也！

其后，桑榆晚景，共惜流光。身虽衰迈，翰墨犹亲。既跋我《诗话轩稿》，复叙我《游崂》两记。不溢美，不虚誉。文字投赠，计十余年。思及此，乌得不悲也！

虽然，吾尚有窃喜之事焉。昔尝忧君无子。君之继子，色养竭力，君有子矣。又忧君无孙。君殁之日，吾邀君之门人刘锦堂、外戚王敬庵、族叔李子卿议继服侄之子为嗣孙，应爱两得，昭穆相当。且此儿赋性纯诚，天资明敏，异日必能成立，实足承君之祧，以为后嗣，君有孙矣。君既有此孝子贤孙，亦可以瞑目矣。哀哉尚飨。

【尾批】以“悲”“喜”二字作呼应，章法井然。叙悲情处，痛定思痛。叙喜意处，宛然天伦之乐。文境仿佛柳子厚《贺失火书》。

送族侄墉乡试叙

孔子言孝，首称显扬，又曰善继善述。由是观之，应试其孝之一端欤！

汝父早岁勤读，品学兼优，因耕读不能两全，故权一时之轻重，置读而力耕。其有志未逮，以待汝之继述者，非一日矣。汝弱冠采芹，旋即食饩。挟策西上，屡膺鹗荐。虽未获光大门闾，遂显扬之志，窃以为能继述焉。

今西风朝爽，山蝉晚吟。束装就道，其殆有离乡之感乎。顾吾独于汝有厚望者。

过潍阳城，见王君寿彭，大魁天下，荣归故里，慰其二亲，知汝必深羡之。由此而更西，经礼参店，访范文正迎母处，故老犹称道弗衰。知汝忆公登第诗"鼓吹迎前导，烟霞指旧庐"之句，宜何如奋兴哉！

至若生逢叔季，时尚争趋，比之匪人纵酒狎妓，知汝一意进取，必不为此，是以吾无忧也。往哉勉旃。

【尾批】立言得体，有劝有戒，蔼如仁人之言，闻者定能乐从也。文字不可轻下笔，似此有关名教，语担斤两，是韩苏最着意之作。/以"孝"字作骨，"孝"字却不多见。不说孝，句句皆勉其孝，使于言外领之，甚为超脱。

醉山亭记

故人刘鹤仙，自崂归省，路经密城见过，言蔚竹庵道人李乾清，凭高结亭，颜曰醉山。东襟巨峰，西带九水，南对玉鳞口瀑布，北列群山如开屏。先生熟悉其胜,可为文以记。

余曰:“唯唯,特未识道人命名之意,虽欲记而无由。”鹤仙曰:“酒醉者身乐也,山醉者心乐也。所谓爱之深,乐之至,而心如醉也。”余不禁叹曰:“美哉此亭也,得其名矣!”若夫以岩壑为糟丘,以烟霞为曲蘖,燃松竹而汲涧泉,朝酿奇花,夕醅异草,山中之景无尽,而道人之醉亦无醒也。

既醉而卧此亭,山色横窗,潮声入扉,樵歌晚唱,牧笛晓吹,野僧对棋,海客谈诗,云窟煮茗,仙岛餐芝,狎猿鸟,友麋鹿,逍遥尘世之外,以视为名利所醉者。道人之醉,不实则醒乎哉!

醒而复醉,醉而复醒,醒醉醉醒,有至乐焉。道人有此至乐,而尘世不知。尘世不知,而君知之。君知之,而又使余知之。余知之,乌得不乐为记之。

【尾批】从一“醉”字生情,议论愈奇幻愈精确,似东坡海外文字。

重修家谱叙

吾孙氏,自前明迁高密,阅两朝四百余年,累世式微,以至于今,子姓散亡而不绝者,仅如寥寥之曙星,吁可慨已。

溯吾家旧有谱牒,倡修于四世祖乾峰公,继修于维岳、河源、陵原三公,迨道光二十四年,先君子与凤彩兄又重修焉。然皆存钞本,无力付梓。

兹余谋诸族人,重修刊行,家藏一册,用垂久远。或曰:“兵戈扰攘,何暇及此?”余窃不谓然。方今洋夷猾夏,海内鼎沸,骨肉流离,旦夕莫保。苟邀天之幸,危而复安,散而得聚,傥无谱牒可据,虽欲追本求源,恐荒渺难复识矣。以此论之,吾谱牒不可不修也。且家之无谱牒者,虽当承平之世,同宗相遇,或支派茫然,辈行不能知,尊卑无由别，更何以联其亲情，发其至性乎？以此论之，吾谱牒又不得不修也。

忆先君子重修之时，云年甫八龄。先君子顾谓云曰："异日当继父志。"尔时童子何知，然惓惓于怀而不忘者，垂六十年。今当修而不修，是堕父志也。以此论之，吾谱牒更不敢不修也。

嗟乎，吾族人勉乎哉！家运之兴衰，固系于天，亦由人事之奋发耳。继自今凡我族人，果能务孝弟以植本根，读诗书以达枝叶，焉知不荷天之休，钟灵毓秀，擢巍科，登显仕，建殊勋，膺重望，光大门闾而辉映谱牒也。[①] 吾族人勉乎哉！

【尾批】连叠三层，议论正，格法老。

爱竹说

吾于群芳之谱，性无所谐，惟琅玕一品，深惬于怀。

节高而坚，遇寒不变。心小而通，处热不炫。干峭直而不屈，枝横斜而不乱。观其疏疏落落，不作媚人之容。潇潇洒洒，自有君子之风。东坡云："宁可食无肉，不可居无竹。"爱之者，良有以也。

【尾批】似东坡小品。

送穷文

光绪癸卯，岁除之夕，穷将违我，爰饯而送之曰：呜呼，穷起行矣！

临歧分袂，聊赠数语。缘尽当散，情绝难聚。我已年迈，桑榆景暮。言语颠倒，举止无措。礼貌若衰，必干盛怒。耿耿寸衷，深怀此

---

① "光大门闾而辉映谱牒也"有朱笔、墨笔先后圈点，上有墨笔眉批："结归谱牒，议论乃有把柄。"

惧。自古嘉宾，能择善主。穷其往焉，慎莫回顾。夫穷之为物，牛鬼蛇神。视之不见，听之不闻。去来无迹，附托我身。昼夜纠缠，追魄取魂。如胶如漆，六十余春。随我既久，诲我无倦。立身行道，不忧贫贱。家徒四壁，仰屋莫叹。教子课孙，圣经贤传。不亲农桑，不躬负贩。家常日用，无须筹算。君子慷慨，周急是善。莫学小人，鄙啬悭懦。区区铜臭，何足眷恋。致穷之道，皆此一念。

我今思之，甚为无良。明则益友，暗则中伤。导我书史，辅我文章。饥不可煮，寒不可裳。纵有名句，不足称扬。生不能显，死何能彰。穷之误我兮，苦海而茫茫。

噫嘻悲哉，穷今别我而去，不知谁家堪住！

【尾批】第三、四段嬉笑怒骂，感慨无极。结句令人百思不到，足见才情。自古仁人君子，皆自招之，于穷何干？然今世之人，果能得致穷之道，庶乎近焉。此文甚佳，亦集中有一无二之作，惜知之者鲜矣。

竹庆堂记

吾书斋有琅玕一丛。己亥岁，洋夷入境，颠沛流离，岌岌如不终日。此君亦萌芽不动，枝叶焦秃。辛丑春，骤发三十余竿，拔地凌云，苍秀可爱，吾有《喜竹歌》以志之，而铭孙入泮。今岁孟夏，复发五十余笋，较前更觉美茂，窃意此君有知，殆铭孙食饩之兆乎？未几，学使按临，果列优等。由是观之，一枯一荣，皆与我忧乐相关也。

吾因感夫世之相交者，随风倒斜，花面逢迎，能同忧乐者盖鲜，甚至既陷于井，不能引绠相援，而反投石焉。人不如物，良可慨已。语云："草木无知。"此君亦草木耳，岂果无知也哉？

曩者兵戈扰攘，家室播迁，似知我心忧惧，故其形亦带愁苦。厥后境内安堵，否极转泰，又似知我家安乐，而相与庆之，此"竹庆"之所由名，而吾堂遂足千古云。

【尾批】实事实情，说来娓娓可听。中间感慨处，或嫌刘四骂人，太不厚道。然于文法为得，事外远致，固自可喜。

刘军门论

刘军门，督兵到密时，人皆言："目不识丁，出身一无赖耳。"近读军门《大潜山房诗钞》，有句云："战罢大刀余杀气，令严万马不骄嘶。"其军令严肃，盖可知矣。又云："勒马横戈走吴山，年来擒斩皆名贼。"其忠奋勇略，又可知矣。又云："灭贼自为贼，何以对苍生。"其居心为民，更可知矣。

曾毅勇侯叙其诗曰："省三，二十从戎，三十身拥疆寄，声施烂然，为时名将。"其为曾侯推重亦大矣。余观其所为，其经济学问，亦李西平、岳武穆之流。克名城，复巨镇，进退有方，出入有法。身在介胄戎行之间，偶得余暇，便游泳翰墨，虽古之名将，亦不过是。此皆言之者不经，听之者不察，使军门负此不美之名。岂有无赖出身而为名将者乎？军门，讳铭传，庐州合肥人也。

【尾批】前半引军门著作为证，后半议论即确实矣。此文可作军门小传。

李孝子传

孝子秀三者，字一峰，故人李子范之子也。醇谨谦厚，一望而知为君子。

子范尝语余曰："晚年不幸，女嫁多病，恒卧床不起。善体吾心者，惟一子而已。日馈三餐，风雨不倦。母故，恐姊心恸，不敢使其闻知。每及门，必更衣履，盖欲慰姊以宽吾忧也。[①] 今死矣，重担释其肩矣！”

余闻而叹曰：“孝哉一峰！父母之言，何可间耶？夫忠孝之事，本无二理。事君致身为忠，事亲竭力为孝。而所谓竭力者，非第饮食奉养，要在善处骨肉之间也。尝见世之为人子者，锱铢比较，兄弟纷争，父母斥之而见忤，亲朋劝之而受辱，甚至殴伤忿击，缠讼不休，必欲置之死地而后已，何况嫁出之姊乎？视一峰之处骨肉，其贤不肖何如也。[②] 呜乎！孝子之生于天地，必钟山川之灵秀，荷祖宗之功德，先于史册，著于桑梓，岂易得哉？若一峰者，诚近代之罕觏，里闬之表率也。此余之所以重也。”

子范默无以应，含笑而去。遂援笔录之以为传。

【尾批】通篇全以“不间父母之言”为骨，李生之孝，即确实矣。

王孝子传

光绪丙午春，过东武之城隍庙，见其楹联云：“百行孝为先，论心不论迹，论迹则贫家无令子；万恶淫为首，论迹不论心，论心则终古少完人。”余因此思及孝子焉。

孝子王万清，贫家子也。父荡母贤，十四岁鬻人为伶。入辞母，母大恸。万清忿然曰：“旬月之内，儿必逃归，母勿过伤。”未几父死，而万清逃归矣。

---

① “母故”至“盖欲慰姊以宽吾忧也”上有墨笔眉批：“琐屑小事尚尔如此周到，况其大者乎。”

② “视一峰之处骨肉，其贤不肖何如也”有朱笔圈点，上有墨笔眉批：“借宾定主，此亦加倍写法。”

家无恒产，拣粪为生，所得铢锱，尽以养母。母病，涕泣蹀躞，咫尺不离，必待病愈而后出。况兄素温饱，与母分炊，嫂又悍妒，不屑计较也。由此观之，非惟其心可论，而其迹更有可论者。

呜乎！世之论人者，锦绣君子，褴褛小人，皆以衣貌取之也。若万清者，其人鄙，其业亵，然而大本不亏，天性蔼然，岂风尘中所能识哉？[①] 余感是而为斯传。

【尾批】贫贱人品行虽高，而名不能流传。古人云："一经品题，声价十倍。"文传而人亦随之，此又作者之盛德也。

重修墨泉记

吾邑前辈形家先生言："密城乃巳酉丑金局，巽巳有高埠，顶平圆正，宜名砚台。有砚必有池，丙午方凿井为池，形取卦象，名曰墨泉，定主科第联绵，代有闻人。"

乾隆四十七年，毛公凤舞，别号九仙道人，破产创修，有碑为志。泉甘美，取不竭，邑人赖以为生。历年久远，石甃塌陷。每欲重修，奈工费浩大，故迟之又久。光绪乙巳秋，傅君仲鹤，倡义共举，而富者捐赀，贫者鸠工，未三月而告成。

夫太上贵德，其次立功。功德之大小，要在仁人君子，禀山川之灵秀，拔类杰出，利人济物，乐善好施，德泽旁流，名扬后世，岂必伟科甲第，始为闻人哉？[②] 且此泉当胶潍诸平之冲，后有过者，知某某倡义，某某捐赀，某某鸠工，口碑载道，姓字馨香，所谓代有闻人，正在此

① "锦绣君子"至"岂风尘中所能识哉"有朱笔、墨笔先后圈点，上有墨笔眉批："世态炎凉，彼孝子仁人，不知埋没多少。"

② "夫太上贵德"至"始为闻人哉"有朱笔圈点，上有墨笔眉批："议论正大，笔势峥嵘，令读者不禁肃衣起敬。"

也。吾于仲鹤傅君，深叹羡焉。是为记。

【尾批】发端布局，先从地理形势叙起，中间描写毛公、傅君之善，用笔曲折不平，可谓神乎技矣。

敦睦堂茔记

一世祖墓，茔盘宏阔，在县治之东五神堂左侧。不知何年卖至坟根，直无跪拜之地。过者心伤，况子孙乎？先君子弥留之日，执云手曰："吾一生憾事，在一世祖耳。尝因争辩茔事，讼成致败，含冤抱痛，死不瞑目。父志子继，汝之责也。"先君子殁后，数与族孙鹤龄，购求多端，终不能成。呜乎，真难事也！

后闻此地归于蔡府，余喜而不寐者，十有余年。光绪丙午春，墀儿膺贡成均，爰邀亲友张缦卿、高渐臣，恳求割让，以为树旗之所。蔡君少垣，慨然允成。嗟乎，子孙保乎哉！

夫祖功宗德，泽延后世，寸土尺田，子孙保之。愿我后之孙子，务求敦宗睦族，保全世业，勿坠先人之志也。倘余泽未艾，笃生仁孝，能扩而充之，是余有所厚望焉。①

【尾批】前半忧事之难成，后半喜事之竟成，忧喜中自有仁人孝子之心。

培远堂茔记

二世祖茔，在邑之东南张家埠后。旧有祭田十余亩，不知何年卖

① "夫祖功宗德"至"是余有所厚望焉"有朱笔、墨笔先后圈点，上有墨笔眉批："仁孝之言自在流出，全是忧喜二字神髓，读者不可不知。"

尽。呜乎，血食绝矣！

道光十六年，族鄙纠众，抢伐茔树。先君子忍诟含辱，挺身出争，仅买泊地玖分，以作春秋展墓之资。族运之衰，至此极矣。当其抢伐时，岁届严冬，冰雪在地，苦寒难堪。先君子露宿荒郊，两足冻伤，颠蹶跛困，垂老莫痊。至于倍地广田，过粮税契，皆自赔累，无烦族人焉。①

夫古之孝子仁人，达则忧念君国，穷则追述祖先，岂可容忍姑息，听其自废，视祖先如道路哉？

先君子尝嘱云曰："吾有夙愿未酬，刊家乘，栽茔树，汝当继父志，异日为我偿之。"今茔树拱把，家乘告成，敬为之记，附于卷末，名曰"培远堂"。培远者，以志先君子孤诣独行，所培者远也。

【尾批】文章以人传，不必论其优劣。捐茔田，刊家乘，富人尚且不能，况寒士乎？

双槐堂茔记

咸丰丁巳，卜茔兆于长陵之薄后庙东，历葬父母兄嫂、季弟与其妇，以及亡妻王氏。子孙繁衍，堪继书香，家虽清贫，亦佳壤也。

尝见世之择吉地者，以祖父之朽骨，祈子孙之灵验，自以为富贵极品可唾手而得也。夫发祥吉地，秘之于天，必待有德之人而后宣露，岂人力所能致哉？

余自立此茔后，皖捻称兵，洋夷猾夏，其间忧霖悯旱，捕蝗诅蜮，岌岌如不终日者，数十余年。今幸国家无事，百废俱兴，谨葺茅茨数椽，一以为茔丁栖宿之处，一以为展墓休息之所。手植青槐二株于其

① "道光十六年"至"无烦族人焉"上有墨笔眉批："尝见世之豪富，茔树祭田，族恶卖尽，藏头不出，听其自废，读此记，当愧死矣。"

楹前，名曰双槐堂，敬为之铭，以示永远。

铭曰："愿我子孙，世世多贤。耕读为本，勤俭为先。春秋古史，为之家传。入孝出弟，功德回天。双槐垂荫，荫庇千年。佳城永固，鹿起牛眠。岱岳峥嵘，渤澥渊源。本支百世，瓜瓞绵绵。"

此光绪三十年四月二十八日事也。

【尾批】中段可为惑于风水者戒，末段可作庭训家规。立言之道，于斯尽矣。

僧王殉难战状

同治四年乙丑四月中旬，捻匪窜至曹州府西南，势欲北向。自荷泽之朱家集、开州之焦丘，戈矛若林，人马如蚁，不见其际。王亲督步骑，转战追逐，杀获无算。王军疲甚，士卒道踣，而王忠勇奋发，昼夜追奔不已。二十三日，追贼及荷泽之状元集，次日日中，及荷泽之高楼寨。捻且战且走，约十余里，捻匪大股隐堤外。王军追奔正酣，波沦四起，喊声震天。王分军为三队进击。诺林丕勒、陈国瑞由左，常星阿由右，王督成保骑军、郭宝昌步军，捣中坚。败贼回斗，伏贼夹攻，左军先却。王督军鏖战，捻几不支，而右军亦却。捻舍两路，抄中军之后，四面围裹。王驰马冲阵，不能突围，退守村堡。捻环堡列队，官军樵汲难出，是晚不能举爨。王下马憩树下，从容谕从骑曰："尔曹死无益，吾当在此尽忠。"众皆泣。捻枪炮已及，骑士惊散。从者环跽请行。日色渐曛，全顺等请乘夜突围，王颔之，遂行。骑屡蹶。王曰："骤之。"三骤三蹶，从骑多负伤不能前。裹创再进，至吴家店，从者略尽，长矛已及。王堕马，遂遇害。全顺、何建鳌、额尔经厄皆殉焉。王所御马，被炮驰回，军士识之，无不悼泣。

呜乎！忠亲王督兵讨贼，十有余年。转战数省，厥功伟矣。保障山左，勋业尤多。擒林凤翔于连镇，淹李开方于冯官屯，歼东昌之宋京师，破淄川之刘德培，以及追剿安徽之捻逆，荡白莲池之教匪，皆亲冒石矢，奋不顾身。今金陵克复，渠魁殄灭，竟使吾王不得目睹升平，至此以身殉国，[①]哀哉！谨述战状，使后之览者掩卷思之，不胜流涕云。

【尾批】历代国史甚略，不过总其大成，此状可补国史之略。

诗话轩别集序

谚云："悲极无泪，喜极无声。"此真阅历之言也。[②]

吾于春桥先生殁后，心神恍惚，行坐不安，如是者数载，亦不自知其所以然。有时悲痛，欲哭无泪。欲将此情托之于诗，苦索穷搜，终不能成语。后读《南阜诗集》，有《迎徐中丞灵輀》七律一首，中二联云："直看一死相从易，翻觉三生欲报难。痛到吞声无涕泪，感深刺骨入心肝。"已先得我心矣。

嗣后，岁月渐远，劝吟索和者颇多，不禁旧技复痒焉。集久成帙，墀儿欲钞出，附吟草之后。余闻之，愀然叹曰："此不足附于旧集也。盖先生殁后，无可就正，虽有所作，不敢自信。后当付之丙丁。"墀儿请之再三，余弗获已，名之曰"诗话轩别集"。别集者，以别于先生在日所订正之作也。墀儿复请序。余曰："然。"吾既不敢自信，我诗岂敢求序于人？

---

① "擒林凤翔于连镇"至"至此以身殉国"有朱笔、墨笔先后圈点，上有墨笔眉批："结到僧王丰功伟绩，慷慨悲歌，令读者不觉忠气勃勃，有欲拔剑起舞之势。"

② "悲极无泪，喜极无声。此真阅历之言也"有朱笔、墨笔先后圈点，上有墨笔眉批："起得超忽不测。"

【尾批】心悲知己之死，岁久不忘，足见道谊之交而坚如金石也。过时读之，令人酸鼻。

游崂记合编序

吾游崂，非游崂也。非游崂，何言游崂？盖欲藉崂以激发其志气，开拓其胸襟，性情于焉而活泼，识力由之而坚定，然后学为文章，或不至囿于庸儒鄙卑之见，未可知也。

余幼年失学，遇非其人，诱入游侠，既而幡改，求与端士交，多以不文见弃。久之，得单子春桥，劝余就学。余问学于何起？春桥曰："制艺之作，不必学也。其学为诗古文辞可乎？"授以李石桐先生手订《中晚唐诗主客图》本读之，余始学作诗。① 如是者有年，又示以陶、韦、韩、孟之诗，导余别径途，辨门户，不为歧路惑，不为异说摇。如是者又有年，更以汉魏六朝以及唐宋诸诗示余，溯源流，析支派，乃知诗本《三百篇》，推而衍之，若两汉六朝三唐南北宋，皆出其根柢，而莫之能外。如是者又有年，稍有心得，始恍然诗之一道，非可苟焉已也，必格致以穷理，诚正以治心。其为言也，发乎情，止乎礼义，岂浅尝得之哉？

癸酉岁，春桥忽谓余曰："吾有观崂夙愿，早岁习举子业，中年遭遇多故。今老矣，莫能偿也已，子其代为偿之！借山海奇观，增益神致，于诗未必无补也。"余欣然就道，凡耳目所经，无不留心抒写，托之于吟。归呈春桥，翻阅一过，执卷叹曰："一番眼界，以游崂而开；一腔心血，亦以游崂而吐。崂之胜，子游而我不游，我不游，而得子之诗，不啻我之游也。从此胸次岩壑，梦中云烟，吾与子共之矣。"

辛巳秋，春桥忽患痢疾，竟归道山。家卓亭侄、春桥文社旧友，哭

① "余幼年失学"至"余始学作诗"上有墨笔眉批："拔身侠场而为名士，亦世所罕见之事。"

之以诗："吾道不磨灭，斯人无死生。"其推崇有如此者。卓亭，倜傥士也。春桥殁，相与过从论文者，卓亭而已。[1]

己丑夏，余重游二崂，是岁秋后再游。卓亭送之曰："叔今此之游，为崂乎？不止为崂乎？为崂也，前游已载吟其事，汇集成帙矣，今复依样葫芦，恐起春桥于九原，当亦所不乐也。不止为崂也，将必以胸中之抑郁充塞，眼底之离合悲欢，一一借海山奇观，而著之文章，以舒畅其心志，岂不大哉？"余曰："然。"故凡崂擅名之区，无不周揽其胜，即一峰一石，一水一泉，但有可观，必有所记。积满纸团，存之行箧，归与卓亭参详厘订，颜之曰"游崂记略""游崂续记"，而合为一编，盖游者书实，而未游者有待也。

夫余之游崂，前有春桥为之劝，而诗学以山灵而进；后有卓亭为之规，而文字以探幽而成。古人云："相交千万士，知己不过一二人。"春桥、卓亭，吾之两知己也。余故曰："吾游崂，非游崂也。非游崂，而实因游崂，而欲有以自得之也。"[2]爰述巅末，付墀儿存之，使后之孙子，知我中年力学，犹能道甘苦所已经，而获益于友朋者，为不易也。

【尾批】欲述己之所学者若何？欲述己之学得力良友者若何？妙借游山为之线索。叙游山乎？叙学乎？叙得朋乎？主中主，宾中宾，主中宾，宾中主，深得古文妙境。吾愿读者以参禅之法读之，乃不负此佳作。

---

① "家卓亭侄"至"卓亭而已"上有墨笔眉批："横插卓亭，无迹可寻，有草蛇灰线，藕断丝连之妙。"

② "夫余之游崂"至"而欲有以自得之也"有墨笔圈点，上有墨笔眉批："结出游崂意旨，深得古文笔法。"

祭静岩先生文

维光绪三十一年，岁在乙巳建卯月念四日，谨备香楮酒醴，致祭于王丈静岩先生之灵曰：

呜呼，吾生之知遇，何其艰哉！曩者受知于单春桥先生，不幸中道分离，幽明悬隔，窃以为无知己已。

二十年来，孤吟无侣，迨朽骨残年，始遇先生于李子卿处。时夷氛扰攘，家无宁居，聊藉韵语，以写隐忧，遂订忘形交，此又不幸中之幸焉。

吾不治生产，家道中落，先生知我疏懒，非荡子也。争论世事，动辄得咎，先生知我憨直，非妄人也。先生之知我，可谓深矣。至若选诗序文，好句则称扬之，疵累则芟易之。友也，而实师矣，此吾之所以悲也。然更有悲于此者。

去岁，先生即抱卢象之恸，一子四女，弱龄无依。呼母号父，哀动邻里。孤苦伶仃，伤及道路。向平之事未毕，焉能瞑目？虽然尚有慰先生之灵者焉。李君吉人，任侠好义，先生契友也。必能竭尽心力，维持家庭，女择佳婿，男配贞媛，务图善后之计，以慰九泉，亦可以瞑目矣。

夫先生晚年，别无嗜好，日以展玩古帖为乐。心独赏者，惟吾杨少师一册。今将此帖，敬以为殉。此帖系春桥先生所赠。以知己所赠而赠知己，谅亦无伤先生之盛德，亦以全春桥先生之美意也。哀哉尚飨。

雨田先生传

单君雨田，讳润传，密之诸生。笃于孝友，至性人也。家素饶裕，乐善好施，凡宗族、乡邻、戚鄙、朋旧，以及家婢客佃，体恤无不周至。日赡月给，贫苦赖以存活者，不胜枚举。为人若此，可谓善矣。

然更有善于此者。光绪乙亥，夏五月，洋贼据城，涂毒搜掠，逼索饷银。雨田挺身自任，筹款备饷，贼得银而去，境内始安。

嗟乎！生当季世之秋，浇风盛行，轻财好义者鲜矣。惟雨田孤力独成，铁中铮铮，庸中矫矫，何其壮也！

夫《洪范》五福，特称曰富，然必先之以寿，继之以德，始为福人。若盘剥成家，残酷不仁，即富甲一乡，不过敛怨之薮，守财之虏耳，安得为福？

雨田，年登上寿，强健如常，盖德以征寿，寿以征德，德寿相征，而福亦随之无量矣。子孙满堂，醇谨谦让，皆为载福之器。天之报施善人，理应如是也。

余朝夕过从，二十余年，虽常语细行，皆可为法。友也，而实师矣。故笔之于书，以作家传云。①

① 下钤“半翁”白文印，至此文集毕，封底钤白文印二“清白家世”“半翁”。

游崂纪合编[①]

即墨黄肇嵣仪山氏鉴定
高密孙凤云瑞庭氏著
同邑单润传雨田氏参阅
男墀、孙男金铭、金镶、金铸校订

卷上
游崂纪略凡二十一则
卷下
游崂续纪凡四十二则

耕读堂游崂纪合编叙[②]

读书之功无尽境，然先以略观大意，继以务求精详，此其大较。孔子学《易》，韦编三绝，所以立万世读书之法也。瑞庭之游崂，深契斯旨焉。癸酉春游，略观耳。己丑夏游，秋冬复游，精详矣。善乎！其自叙之言曰："游者书实，而未游者有待。"其心之虚，志之坚，有若

① 原书一册，封面有草书题签"游崂纪合编"，下署"甲辰重阳日半楼老人自题"，右下一印白文"清白家世"；左下两印，一印白文"孙凤云印"，一印朱文"半楼"。

② 原书下钤三印，一朱文印"中国科学院文学研究所藏书"，一白文印"字余瑞庭"，一白文印"孙凤云印"。

是者。吾即瑞庭之游山，而知瑞庭之读书，必不肯浅尝辄止，囿于凡近也。瑞庭，真吾畏友哉！

光绪壬寅嘉平月，静岩王广微书。[1]

耕读堂游崂纪合编叙

自古磊落不群之士，知宇宙内召我烟景，假我文章者，实多非徒沾沾向故纸堆中讨生活也。故于山观泰华之高，于水览渤澥之深。凡名区胜地，世所能到及所难到者，无弗凿险缒幽，以搜其异。盖必若是，乃眼界宽，心胸豁。其为文也，机则汪洋浩瀚，笔则生龙活虎，畅所欲言，有奇气焉。苟非得海山之助，乌能至此？

耕读堂主人孙瑞庭，吾契友也。少旷达不羁，长笃志博学，得交单春桥、孙卓亭，为诗古文辞，切磋琢磨，十数年之久。瑞庭天资原优，学力复厚，见其诗文者，咸惊谓非复旧日阿蒙矣。

夫学者，墨守章句，足迹不出里门，罔识天下之大观，耳目湫隘，即胸次凡近，纵读尽万卷何益？二崂为山左巨观。瑞庭负行笈，按日计程，缓步当车，盖欲规古人海山之助也。想其高登云梯，别有乾坤，另换日月，逸兴遄飞，心花怒发。凡峰峦泉壑，宫观寺院，以及茂林修竹，霞蔚云蒸，俱奔来眼底，尽成佳章。

乃瑞庭思古迹之秘密尚多，时令之变迁不一。仅见一斑，未窥全豹，得少辄足，自谓观止，岂不为山灵所笑乎？于是既游于癸酉季春，复游于己丑孟夏，再游于是年之秋冬，往复三次，未尝惮劳。山灵亦喜其益益求益，引为知己，将深藏若虚，世人所不经见者，一一轩豁呈露。若琼楼玉宇，任其登临；异宝奇珍，恣其观玩。瑞庭出其锦心绣口，详绘二崂真面，洋洋洒洒数千万言，而诗文由是益进矣。

爰细加检定，去其渣滓，留其精液，合为一编以问世。即墨黄仪

---

① 下钤二朱文小印“广”“微”。

山方创修《崂志》，见之一读一击节，采入志中云。

光绪辛卯重阳后，立亭李凤冈叙。①

耕读堂游崂纪合编叙

耕读堂者，家瑞庭叔斋名也。游崂纪者，叔即其足迹之所经，而写其心迹之所造者也。己丑岁，叔两次游崂，归作《纪略》《续纪》二册，授远读之，并嘱作叙。

远不禁叹曰："人贵立志，志立，虽金石之坚可破，况学问一道哉？叔少喜任侠，中年自悔，杜门力学。单子春桥，肫笃士也。与订忘形交，从受《中晚唐诗主客图》，为作诗入门。叔诗意真格老，能成一家言。叔之游崂也，非今日始。癸酉春，曾游之矣。彼时春桥健在，叔于崂之峰峦泉壑、洞庵宫观，海之浩荡汪洋，渤澥弥漫，峭壁危岩踞其上，巨浪洪涛激其下，凡所名状，一一纪之以诗。春桥逐加评订，裒集成帙。兹复一岁，再游山，若别开生面，诗亦力避雷同，乃春桥之墓木拱矣。远非若春桥之真能知诗，良朋不起，纵有佳制，谁与持衡？"

叔曰："唯唯，否否。春桥后，善吾交者，卓亭也。微侄，谁可为我叙？勿辞。"远弗获已，研思再四，将即文以叙夫崂耶？远未尝一经，目睹耳食之言，未可取信。将即崂以叙其文耶？而洋洋洒洒数千百言，已能将海上奇观，山中仙境，一一奔赴腕下，令人一目了然，何庸远叙？远亦不之叙，但叙叔之志。

夫必立志也坚，乃能成志也决。向使当日，不立嗜学之志，必不能与春桥游。即与游，而第循往来，酬酢之文，无关格致诚正之实，亦必不能学作诗，即学作，亦必不能卒成，尚得游崂也哉？尚得游崂而以诗吟、以文纪也哉？

---

① 下钤朱文印"立亭"、白文印"凤冈"。

叔年已半百矣，犹日涉猎群书，手不释卷，作草书亦工，且博古精赏鉴，此皆立志不苟之所为也。春桥可作，当以所言为不谬乎。

光绪己丑冬，族侄立远卓亭叙，时年六十有七。[①]

自 叙

……[②]

光绪己丑冬，夷安孙凤云瑞庭氏自叙。

游崂纪略

光绪己丑，四月初四日，潍阳友人韩华三，赴胶卖书画古玩，路经密城见过。适予有再游二崂之兴，遂邀与偕行，因雨不果。

初五日，晨起，游兴勃勃，虽雨意阴浓，同华三由密起程。华三颇不俗，一路谈笑雅谑，极为谐畅。予缓步当车，几忘道途之苦。未刻至胶西门外宜昌店宿焉。

初六日，立夏，晴。韩友留歇一日，在店清谈，出其所携古今名人字帖画轴，倩予品题真赝。予亦乐此不疲，借消永昼。晚阴。

初七日，晦阴，早饭后，韩友留胶，予独行。十八里，至小麻湾庄。忆同治癸酉春，初游二崂，到此天晚，有句云："日色前村暝，依依榆柳闲。春阴鸣布谷，客路识麻湾。水落明高碛，鸟飞沉远山。遥看林际外，新月一钩弯。"尔时暮霭夕烟，村落苍茫，今则远山映带，水云霏微，一段清旷之景，豁然心目，遂口占一绝："十五年前曾一过，重来风景更如何。麦苗初秀禾苗长，不及山光水色多。"又八里，渡麻湾河。

---

① 下钤朱文印"卓亭"、白文印"立远之印"。

② 该叙与《耕读堂文集》之《游崂记合编序》相比，无批点，正文仅多末行"光绪己丑冬夷安孙凤云瑞庭氏自叙"十五字，故此处省略重复文字。该自叙后下钤白文印"一生好入名山游"、朱文印"孙凤云字瑞庭号半楼"。

河水与海潮交会，水宽沙阔，长桥如虹，渔人踏筏捕鱼，络绎不断。胶治八景，盖有“麻湾渔乐”云。余初游崂《渡麻湾河》诗云：“河势接沧溟，风涛远尚听。盐花沾足重，蜃气逼人腥。柳细拂沙岸，烟深落雁汀。潮通渔乐处，桥外数帆停。”二十五里，至棘洪滩尖。十五里，宿海西村。前游至此，值大雨竟夜不止，曾吟“茅店孤衾冷，侵窗湿气饶。灯昏风战炧，夜静雨连潮。细语邻房悄，争喧渔火烧。寒声听不断，清兴待明朝”。《过渔家》七绝二首：“疏疏茅屋两三家，半倚青山半水涯。日出烟消潮落后，儿童争拾凤头虾。”“屋根老柳系渔船，船上插竿网倒悬。日暮渔翁饱醉后，笑看潮晕验风天。”今兹重来，复宿于此，且值阴晦，异时同情，遂口号一绝：“昔来听雨海西村，今又阴云暮色昏。岂是山灵饬海若，雨声云意索诗存。”

初八日，晴。五里至京口。有乡邻管来臣，精镌刻，为任姓刊谱牒，邀留甚殷，遂止焉。晚食银刀鱼，极鲜。

初九日，管来臣留早膳。五里至桃林。十里过马家河，渐入佳境。两面大山，中夹磴道，下临大河。梨园接壤，椒树成林。枣栗纂纂，桃李森森。松竹掩映，半露山寺。杨柳低垂，近拂水村。兼之蛱蝶双飞，鸥鹭和鸣，令人心旷神怡，直觉桃花源里人家，别开一幅洞天，不可无诗以记之。题云：“渐次入佳境，千重绕路岑。椒花开野麓，梨果满山林。柳细拂村暗，松高隐寺深。沙随河势转，树外碧沉沉。”“缓步过溪桥，峰回两面高。野桃遮竹坞，山栗接松皋。览胜每忘远，探幽不觉劳。行行亦且住，前路买村醪。”日未午，抵华阴。旧有《即墨道中口占》九首，附录：“春城遥接华楼宫，十里桃花一色红。小憩柳塘阴密处，行人如在画图中。”“层层石磴似盘蛇，行到仙源景可夸。好是东风初霁后，满山飞雪是梨花。”“山寺鸣钟报晓晴，深林处处啭黄莺。长桥弱柳垂青眼，似为游人作送迎。”“绿杨深处唤提壶，酒向山村何处沽。欲待牧童来问路，酒旗风里似招呼。”“崎岖百里断桑麻，烟水茫茫迷钓槎。行到山穷水尽处，忽闻犬吠有人家。”“山外高楼楼外亭，更怜山色雨余青。凭谁借得倪黄手，百里山程一画屏。""迢迢一径入云深,万转横空绕寺岑。忽听四山皆下应,始知身在白云吟。""漫天匝地万株松,谁识来踪与去踪。惆怅风前难觅路,钟声忽落白云峰。""前村微雨后村晴,驴背敲诗取次行。我爱青山如旧识,青山笑我不知名。"华阴集四围皆山,前面大河,虽立市廛,人家稀少。几处山店,供游客憩歇。此二崂擅名首区也。入店沽酒,午歇片时,询至华楼宫,路八里,未刻渡河,东过响石村,上十八盘石磴,万转千折,攀援直上,一步一息,汗流浃背。至申时,方臻山顶。道旁一碑,刊"名山第一"四字。转西悬岩下,并列三殿,内祀老子、三清、关壮缪诸神像。殿后一泉,名"金液泉"。悬岩刻"金液"二字,乃胶州高南阜先生书,款识微辨。再转西而上,有石刻数处,皆剥蚀不可辨。再上为"翠屏岩"三字,镌如斗大。下有老君洞,西镌"东海胜游"四字,转东有洞数处,皆供神像,又有石刻数处,皆磨灭不可识认,惟余"天有三才日月星,地有三才水火风,人有三才气血精"二十一字可辨。再上,又有天液泉,一名"天爷眼",状若人眼,故名,天旱不涸。由此转西,峰顶一池,其形如盆,名"玉女盆"。再上为凌烟崮,下有"真人脱壳洞"。真人,乃邱长春之徒,元使臣刘志坚也。此山镌题,多半出其手笔。再上绝顶,镌"云岩"二字。其西峰巅,为老师傅坟。又有王乔崮、高架崮,由庙转东,一峰突起,直撑霄汉,无级可升,即为华楼,又名"华表峰",又名"梳洗楼"。东南两面,下临大涧,惟西北二处,鸟道可通,西面题字甚多,皆剥落不可拂拭。南即为南天门,石刻亦皆磨灭。下视华阳书院,如在足底。时有胶西少年生,亦宿于此,石床抵足,共话松窗。未几,而生鼾鼻如雷,盖犹未谙游山之乐,故困倦至此。余乃独步阶前,见斜月西沉,山中寂静,真万虑一空也。遂吟云:"大崂近海门,华楼势尤壮。雄杰镇乾方,万峰东南向。横空路千盘,屈曲旋螺状。层层出怪峰,峰峰连叠嶂。幽境辟绝巅,危构凭高旷。寺后翠屏岩,仙题嵌云障。天门对寺开,横涧环清漾。西顶玉女池,清泳如盆盎。楼石立东偏,四面无倚傍。拔地直撑天,飞鸟不可上。绕寺列奇观,一一争颉颃。始知造化工,至此穷心匠。道人更清幽，竹屋明几帐。见客笑相迎，不解拘揖让。煮茗试液泉，高风素倾仰。”盖即华楼之实景而状之云。

初十日，清晨，偕胶西生下东山，南行二里，入西山。路旁一巨石，横镌“松关”二字。再行里许，有开垦山田者。询之，知为蓝侍御田玉甫先生后裔，现为书院主人也。导予行至书院，门南向，石阶数级，阶东一门，圆如满月，即是书院。阶西有草庵数间，为主人住舍。主人指阶下巨石曰：“此先侍御公所镌遗诗也。”惜苔藓模糊，只字莫辨。又有卧石，镌“谈经地”三大字。入圆门，拾级北上，小楼三间，额颜“紫云阁”三字。西有书室两楹，倾圮无存，仅有基址在焉。再西一怪石，玲珑透剔，镌题亦皆磨灭。石罅中，生一怪树，虬枝曲干，曾无识其名者。下阶转东，草亭一座，石柱欹斜。庭前败垣颓墙，蔓草荒芜，尚余翠竹苍松，野花古树，令人增感。由楼后层累而上，悬岩上有草庙半间，供文昌帝君。主人复邀登楼，凭栏远眺，水色山光，一览尽收。才人结构，迥异恒常。宜其时代虽易，而风流未歇也。遂题壁一首，以志景仰之思：“蹑磴入松关，飞泉奔急湍。危岩仙庙古，高竹石楼寒。遗碣几回看，斯人当代难。频将景仰意，欲去复盘桓。”主人送出山口。三里至蓝家庄，过侍御公祖茔，风水甚佳。后抱大山，前对锤儿崮，见者无不叹羡。过河至埠乐村尖，问玉鳞口，土人皆茫然，无一知者。或曰：“北有九水，南有韩河，玉鳞口当在其间。”遂与胶西生循河南下，七里至宅科庄，又十五里至横店。时已日午，天气颇热。寻店歇晌。询店主，云：“离此里许，有小村名水牛陈家。由村陟东山，即是九水。”出店转南，行里许，果有幽僻小村。由村径攀跻而上，至山顶，复俯级而下，约七八里方至。村有山翁数人，聚谈树下，见客惊问先生何来。予答以失路。问何往。予曰：“往玉鳞口。”山翁无一知者，但指曰：“南至韩河庵三里，北至九水庵五里，实不闻玉鳞口地名。”盖时有盛衰，物有显晦。或经缒险凿幽之士，偶一品题，彰著其名，而热客凡夫不能问踪，久之遂亦湮没，又何怪牧竖樵子之略而不知也。余询其人姓氏，曰：“刘姓。”又曰：“此庄不利于异姓。自宋时以迄于今，惟我刘氏聚族而居。相传乾隆时，有孙姓来此，居二世而绝。”余观此庄，水绕山环，形圆如瓮，四顾无路可出。居人约有数百家，跨河而居，屋宇鳞次，风俗朴厚。此二崂第一清幽山庄。余今过此，真不减武陵渔人之所遇也。南面山势甚为奇特，有砚台峰、笔架峰、万卷书峰，结构极见紧严，宜刘氏之族阅宋、元、明以及我熙朝繁衍众多也。诗以志之：“聚族近千家，茅檐接竹笆。峰环圆似瓮，水绕曲如蛇。秋菌杂春蕨，山梨兼野茶。不须耕凿力，亦自足生涯。”又赠山翁诗云：“鸡犬寂无声，风光太古清。怪峰当户立，新竹压檐生。野薯连根煮，沙田带犊耕。偶逢游客过，频问县官名。”转北行五里，止宿九水庵。庙居山脚，无甚佳景。地名南九水。

十一日，由九水庵转北，五里过王子涧村名。闻有仙题，未往观。五里至官老石屋村名。又里许，至太和观，即北九水，庙在河曲，峰峦四围如画。道人待茶。询及玉鳞口，道人曰：“此便是。”请看殿壁，题诗：“何处砯崖万壑雷，高峰云净石门开。盘空瀑雪飞泉落，拂面吹花细雨来。碧水澄潭堪洗涤，青松白石任徘徊。支筇未尽游观兴，樵唱遥从天际回。”旁缀“崔应阶题”。崔，山东抚军也。诗镌于石。道人又曰：“此去玉鳞口，仅三里许，然山雄路险，非向导不能达。”余寻胜兴高，用青蚨二百，雇一牧童，引予东南，入深峡中。行里许，过双石屋村名。愈行愈险。两面大山，中夹深涧。长啸一声，岩壑响应。举目诸峰，有削壁嵌空，列如画屏者；有乱石层叠，累如杰阁者；有蹲若狮豹，飞若凤鸾者；有形势狰狞，如鬼怪之怒立。气象肃穆，如袍笏之班联。至若有玉女盘髻，仙童执拂，侠客负剑，羽士对棋。以意造象，随境拟形，变态万状，不可指数。俯视则断崖绝壑，泉流喷吐，飞霜溅雪，雷声震起，加以异草奇花，芬芳可爱，翠禽朱鸟，颉颃相鸣，直如在山阴道上，令人应接不暇。行二十余里，问牧童，犹曰未至。予意知其错走路径，然饱看山景，亦是天缘。口占云：“贪看山中景，浑忘路浅深。行来多半日，犹是隔遥岑。”道左有巨石，可坐数十人，与胶西生小憩，吟七律一首：“自到仙山看瀑泉，砯崖雪涧路无边。穿岩压顶疑倾覆，扪壁缩身如倒悬。百丈寒潭清见底，千寻怪石矗撑天。探幽览胜不知老，气力弥增筋骨坚。”有樵者长歌而来，歌曰：“上山容易下山难，蹉脚如同既倒澜。王质观棋斧柯烂，能看木叶几回干。”且行且歌，虽语无伦次，然味其言，似为我讽者。至前问曰：“客何来？”余曰：“来自太和观。”“欲何去？”余曰：“去访玉鳞口。”樵者曰：“客失路矣。”遥指北山一高峰曰：“过此即蔚竹庵，地名蔚儿铺，可到庵歇足一问。”言毕，掉头不顾，口中有辞：“来自来，去自去，去来何关余心事。”余思其人，殆有为而隐于崂者耶？抑居崂之久而有悟于道者耶？乃与胶西生登山越涧，到庵，时已过午。道人韩姓，吾乡杨连庄人。煮茗具飧，泉甘洌而菜亦清脆。谈次，问玉鳞口，庵内皆云不知，遂怏怏而去。申刻，行二里，复过双石屋，又里许，过太和观，再十五里，抵王古庄宿焉。修真庵在王古庄集，前此曾到，今因困倦未往。庵内道士王姓，密人。寄一诗云：“不觉山村近，山光好是晴。人烟连嶂色，市语杂潮声。竹罨千家暗，溪分一带明。欲寻修道客，恐感别乡情。”

十二日，胶西生家中来人追回，不能从游。予独行，遵海而南，二里过萧旺庄，五里至太平宫。庙居山半一院，东西两殿，内供神像。转东一峰，耸然而起，名狮子峰，看日出在此。有前明陈沂镌“寅宾岩”三字。田横岛在其东，即《史记》所谓田横率义士五百人避居之处。由殿转西，有老君、华阳诸洞，洞供神像。殿前牡丹两株，高与檐齐。余初游有题《太平宫》诗云：“峰势叠苍翠，涛声绕曲廊。云深千嶂合，花落百泉香。远色明孤岛，中流出太阳。顿疑天地外，濯足到扶桑。”又有《狮子峰观日出》诗：“东方曙色渐相侵，栖鸟惊飞声满林。霞彩千条天簇锦，洪涛万里海镕金。鱼龙变化神工技，山水奇观野客心。料得世尘应未觉，斯时大梦尚沉沉。”再行八里，过钓龙嘴。又十五里，转西。路旁一巨石，名“砥柱石”，横镌“山海奇观”四字，笔力遒劲，字大数尺，旁缀“惠龄书”。再上有石，镌“庵路向西”四字。再上路旁一石，顶平如台，可容数人，镌“天然胜景”四字，苍古秀润，似学松雪。有题款，剥蚀不可辨。余小憩石上，四顾形势。当日度地刊字，其人真名士也。坐石东望，碧波万里，白云千顷，大小岛屿，历历在目。回头西顾，重峦叠嶂，如张画屏，兼之楼阁参差，松竹错落，所谓天然胜景，信非谬评。余得句云："登临兴不孤，近寺路崎岖。树乱泉分界，石飞云倒扶。钟声依水尽，帆影入天无。未得倪黄手，谁堪写作图。"其余有"东瀛晓色""天风海涛""烟岚高旷"，并"观澜"两字，无甚趣味。迤西即华岩庵，庵素擅名胜，游客看山，无不集此。规模甚宏敞，门南向，上有杰阁，名"藏经阁"，可望海。门素关闭，少出入。转西北折，另有一门向南。入内皆画栋雕甍，回廊曲榭，佛殿金像庄严。南有客楼九间，势极高耸。後殿九楹，中为佛殿，东为接官厅，西为祖师堂。其余若斋堂，若僧舍，若厨室，皆布置得宜，无可指议。庙外南去偏西，有塔院一处，亚字围墙，青松绿竹，枝柯交加。院外一水横流，上跨石桥，两旁清波荡漾，游鳞出没，极有可观。庙僧势力过重，非豪华之客，傲不为礼。有即墨两秀士来游，余与相遇，谈次颇投契，遂同到客舍一歇。有知客僧甚年少，出语莽撞，大非空门佛规，被两秀士严辞责之，始改容，献茶留饭。余与两秀士不受而去，留句云："堪笑头陀眼底红，空门虽入不能空。摩诃般若波罗密，按字何曾半解通。"又赠两秀士云："邂逅相逢意气投，谈山谈水话清幽。知君各抱青云志，不似鄙人呼马牛。"与两秀士分手。南行五里，过翻岭后。又十里，过翻眼坡。再五里至黄山，小憩。初游有诗云："倚石暂流憩，晴空图画开。山光天际合，海势日边来。鸟啄岩花落，船随返照回。遥看林断处，隐约露楼台。""沧海涌山势，风潮急欲吞。远边高树出，空际乱云奔。峰怪逐人立，泉飞走石喧。忽闻仙犬吠，杵臼响深村。"行五里，至青山。过河，路旁一石，上镌"二宫分路"四字。转西上山，五里乘顶。坐石上，遥望明霞洞，渺在云端，客舍道房，半露屋瓦，真二崂清绝仙境也。忆数峰道人，出家住此。道人系密人，张会亭之仲子，与余有戚谊。家贫窘，亲殁，遂入山修道，已十数年矣。绕道访之。下山入竹林，行里许至洞下。石阶曲折数百级，由盘路层累而升。有知客道人迓入客堂。询数峰道人，谓采药未回。旋捧茶出，味极香冽，入口爽□□[①]饭，食豆芽椒面。灯时，数峰回，谈至夜深方寝。

十三日，晓起盥漱。数峰邀余游。自客舍转西北折，上有小洞，额镌"云窟"二字。再转东，有悬岩矗立，泉自石缝中迸出，溜如垂帘，下滴方池，池上菜畦半亩，引泉水浇灌。池内金鱼甚夥，游泳唼喋，泼剌有声。过涧转东，数峰指一洞曰："此仙人打坐处。"方至洞门，庙中早饭梆发，数峰邀回客舍。饭毕假寐，午后方醒。数峰复邀余游，遍览山石刊刻、各朝古迹。由客舍升阶西转，有一巨洞，即明霞洞。高大明敞，相传上有庙宇，下为道房，不知何年塌陷于地，仅露洞额，尚有"明霞洞"三字可识，额上横镌"敕封护国天师府左赞教掌管真人府事"十六字可辨。余镌题甚多，皆剥蚀磨灭，间有一二字未蚀者，亦不能文义贯串。有数峰道人抄存底本可查，录之。其一孙紫阳真人奏疏一道，曰："臣居东齐海滨，潜迹劳山上清宫明霞洞，修行五十余年，大悟千百遍，小悟不可以计数。自得道之后，每思皇王浩荡之恩，无由寸报，旦夕实切遑遑。忽闻朝廷差官，诏取天下玄文秘箓，同洽并参。辞别尊师斗篷张，遂即下山上京。至景州娘娘庙，天降大雪，七日七夜方晴。感刘知县会见，请留数月，同至千佛顶蚀一字头村，修盖丛林一处。至嘉靖三十七年，功事完毕，赴京白云观，坐钵堂一年，造释门宗卷八部六册。阁老翟公讳鸾者、少卿龚公讳中佩者，二人具本呈进御览。敕封'护国天师府左赞教掌管真人府事玄清真人'。嘉靖庚申岁秋八月望前二日，复将灵宝秘诀、清净真一、玉帝敕命上药三品，自升而降，行坐运筹。水火既济，金液大还丹药，为真人供事。太常寺少卿龚中佩者，具本呈进御览，表臣之忠孝，勤慰圣心，得沐恩光宠褒。至癸酉岁春三月二十六日，复将皇经备述其始末玄奥，集成四帙，并及诸书丹诀，总二十六册，令徒子孙至鸾，具本呈进御览。于

① 两字蚀残。

二十七日奉圣旨:‘这所进至秘留览,孙至鸾赏银千两,礼部知道,钦此。’窃惟叨冒宠恩优渥,思无报补,今将各经书,广行刊刻,传布流通。上祝圣寿无疆,永赞皇图悠久。”下缀“海岳真人传刻明霞洞额”。海岳真人,不知何许人。其即孙紫阳之徒孙至鸾者乎?又有诗刻云:“明霞一峰千仞青,众山为墙前为屏。云雾挥开上绝顶,乾坤坐看蚀一字沧溟。于此去世已无迹,自古栖仙应有灵。岩扉夜掩洞中卧,石溜静滴露泠泠。”旁缀“嘉靖癸巳秋九月二十六日,与蓝侍御田同来。参政陈沂书并题。”“隐迹云林不计年,冲虚清淡妙中玄。留经世远开迷海,阐教功多度有缘。派接七真辉玉性,丹成九转涌金莲。俄惊解化乘风去,常使同心思惨然。”注曰:“诗赠孙真人还元一首,隆庆三年孟秋,文渊阁太傅翟鸾题。”“劳山道士人不识,学透先天耀红日。厌薄神仙不肯为,咳唾一声天地裂。夜来传道怕高声,语落人间鬼神泣。”下题“劳山道人歌,为于中玄先生赋,时崇祯辛巳五月二十三日,寓意恒阳致清居士乔已百”。又“唐代真人思邈仙,同宗玄裔得家传。青埪海上知无异,黄鹤楼中妙不言。炼己精修无上道,清音忠进至玄篇。伫看不日丹成就,玉册旌书上九天”。下题“直问[1]书局中顺大夫掌真人府事太常寺少卿姑苏剑池龚中佩书”。又“道德五千玄又玄,青牛直上九重天。龟蛇相构时调息,龙虎交争日炼铅。为问渊源曾几代,相传姓字已多年。知君久列仙班里,不向人间受一廛。康熙壬子季夏三日,庚戌进士郭琇华野次元韵题句”。他若“劳山闻慕久,今见劳山人。道破长生惑,方传太乙津。丹光凌日影,玄辔渺天轮。阐教须经急,餐芝任体贫。与之一来对,忘此百忧身。云岭胜相约,洞天安遽臻”。跋语云:“昨岁春,余同年兄、莱阳左萝石茂第,为余言东海名胜,无如劳山之深幽奇秀者。每真人辈出,人陟足其中,辄生羽翰意,盖雅非人间世云。余心仪之久矣。今春杪,都中得中玄道人,自劳山来,承拜访问,示余手卷一卷,写二道真,盖其师祖普化真

① “问”疑为“阁”字。

人、师抱玄真人遗像，至中玄而三传之。果符萝石言。窃以为劳山何能即至，至其真人何容易遘，兹中玄其偶然耶？奉教之余，占数言以志仰止夙私。崇祯辛巳季夏四日，工科给事中瘿陶范士髦书。”越本朝康熙壬子秋日，东海闲官陈元捷诗《赠冲阳王炼师次范给谏韵有句刊石》云：“北海寻仙侣，南山见异人。才知阆苑路，随问武陵津。定性波千顷，澄怀月一轮。岩阿差足乐，瓢衲不为贫。已醒梦中梦，方知身外身。东临三岛近，上圣岂难臻。”余历观石刻，二崂似自前明嘉靖时始擅名，明以前由宋元上溯汉唐，未经人道。杜工部有“海右此亭古，济南名士多”，又有《望岱岳》诗“荡胸生层云”“一览众山小”各等句，是既足迹至历下、至泰山，何难一至东崂，为山灵生色？乃集中曾未齿及。且郑康成读书山下，座近海堰，门对山峰，往来其间者有年，亦未经其品题。再如苏东坡为宋一代大才，凡一丘一壑之胜，无不见诸文词。移守胶东，崂在治中。乃伐安丘、高密之木，作超然台而为之记，而二崂以天造地辟之胜境，未之一顾，抑又何也？即李谪仙虽有“我昔东海上，崂山餐紫霞”之句，亦寓言耳，实未尝亲历其境。不然，岂无登何峰、游何寺之作哉？岂尔时海水高出其上，而山犹浸没未露耶？抑僻处海隅，人迹稀到，为探幽访胜者之所不及见，因以遗佚而弗惜耶？物之显晦有时，二崂亦何争焉？余与数峰道人感慨系之矣。再西，庙门震向。转北，上有玉皇殿。由殿角转西，又有菩萨殿。殿后石级悬空，攀磴直上，削壁万仞，色黮深黝。上嵌一洞，名“玄真洞”，额镌“重建玄真吸将乌兔口中吞”十一大字可辨。又东一洞，较正洞微小，亦有石刻数行，字迹漫灭。时落日衔山，断霞千里，峰头散彩，海面流丹，即东坡所谓“微风万顷靴纹细，断霞半空鱼尾赤”，真奇观也。与数峰道人蹑磴而下，回客舍时，道童已具餐久候矣。少焉月出，绕砌散步。凭栏远眺，见东山云气缕缕而出，如烟如絮，倏尔渐迷群峰。海风一吹，忽露山顶，忽闪半面，月光之下，恍惚迷离，顷刻万状，不可摹拟。今而知王摩诘“坐看云起时”之妙也。数峰告余曰：“天将雨矣。”辞归丹房。余松窗默坐，湛然澄清。忆癸酉春《初游》诗："仙观盘峰顶，层层上杳冥。日侵中夜赤，天入半楼青。岩窦石生乳，龙涎草带腥。沧桑屡变后，谁得叩禅扃。"《客舍》诗："邱子炼丹处，朝真去不回。双扉关不住，飞进白云来。"《早起》诗："沧海初升日，春山鸟乱鸣。欲寻吟眺处，回首白云生。"《海雾》诗："但闻海中涛，不见日边艇。海风时吹来，忽露半山顶。"又《登绝顶看二仙洞》诗："一径螺纹细，悬空百丈提。忽看双洞出，回首万峰低。直觉天开路，翻疑云作梯。料知此夜梦，应伴斗牛栖。"

十四日，微雨侵晓。庙多藏书，随意翻阅《芥子园画传》破寂。傍午，晴云乍开，诸峰变象，令人眼界一新。饭后，约数峰，杖策同游。由盘路石磴，转山南折而下，五里抵上清宫。庙后有巨石，镌题甚夥。数峰指曰："即明霞洞撰文也。"不更录。再行一洞，上有邱真人手迹。苔蚀藓剥，摩挲良久，始识大概。言自胶西醮事完后，与道众来游鳌山真人名劳山为鳌山，道多雅士，奏空洞步虚毕，仍作词一首，名曰《青玉案》："乘舟共约烟霞侣，策杖寻高步。直上孤峰尖险处。长吟法事，浩歌幽韵，响遏行云住。　凭高目断周四顾，万壑千岩下无数。匝地洪涛吞岛屿。三山不见，九霄凝望，似入钧天去。"旁镌作诗十首，列在别石。再行过竹林，转西，又过迎仙桥。入山门，三清殿前，有古银杏两株，其干玲珑透剔，怪状奇屈，盖数千百年物也。诗以咏之："知是五丁种，还留斧凿踪。连根蟠怪石，接荫翳高峰。枝大巢云鹤，腹空潜毒龙。秦皇曾到此，不受大夫封劳山之名始自秦皇。"复由东角门入。玉皇殿前，有黄杨三株，紫薇花一株，皆极古致。复有红白牡丹数株，时正盛开。东三官殿，西七祖堂。殿西一涧，上跨石桥，名"朝真桥"。桥北，有巨石峥嵘屹立，上镌"鳌山上清宫"五大字。又刻邱真人七绝诗十首，字画端正："醮罢归来访道山，山深路僻海湾环。掉舡即向波涛看，化出蓬莱杳霭间。""群峰峭拔下临渊，绝顶孤高上倚天。沧海古今吞日月，碧山朝夕起云烟。""青山本是道人家，况此仙山近海涯。海阔山高无浊秽，云深地僻转清嘉。""怪石嵌空自化成，千奇万状不能名。断崖绝壁无人到，日夜时闻仙乐声。""晓日朦胧渐起云，山光惨淡不全真。直须更向山头看，似驾天风出世尘。”“海上观山势转雄，清高突兀倚虚空。朝昏磊落生云气，变化皆由造物功。”“重重叠叠画相遮，簇簇攒攒竞斗嘉。眼界清凉心地爽，神仙自古好生涯。”“巨石森森岭上排，巅峰岌岌到无阶。三秋水冻层冰结，九夏云寒叠嶂霾。”“五岳曾经四岳游，群山未必可相俦。只因海角天涯背，不得高名贯九州。”“陕右名山华岳稀，江南尤物九华奇。鳌山下枕东洋海，秀出山东尽不知。”诗后镌“至正廿年庚寅上石”八字。石下一泉，延流成河，名圣水河。奔腾澎湃，声轰如雷。涧西道士祖茔，有耐冬一株，大可数围。《聊斋志异》所纪绛雪者，即此树也。余题句云：“奇树植何代，仙人留旧踪。根应穿曲涧，花自傲严冬。矮干坚如铁，虬柯曲似龙。遥看古殿外，疑是绿云封。”知客道人款待茶点，意颇殷。谈次，道其里居，系东昌府聊城县人。其先世邓状元起家，至太翁，由举人任胶州学正，历迁莱州、兖州教授。幼时随任读书，壮岁入道，遨游江浙，因慕二崂之胜，遂居焉。道号子鹤，好博稽群书，尤性耽吟咏，有《步杜工部秋兴八首元韵》甚工，惜未录其稿。与余一见契合。晚，数峰欲归，子鹤坚留不许。预订明晨再会之约，方得与数峰同回。少焉，闻南山钟动，泠泠然悠扬缥缈，令人尘心一清，即吾乡李星五先生所谓“日暮诸峰暗，钟声杳霭间”也。时独坐松下，群峰悄然，明月当空，冰悬玉立，加以水树玲珑，倒影流华，殆非人世境也。

十五日，高殿鸣钟，经声破梦。松窗曙色，山树鸟喧。披衣起视，日已三竿矣。早饭后，赴子鹤约。离涧南行，直抵上宫。有句云：“夹径五里皆修竹，仰视青天如一幅。山深日高不见人，峰头时露白云屋。层层古瓦俯晴峦，疏疏清磬响云木。隔水惊起浴沙禽，一鹤冲破烟光绿。怪石四围如方城，雉堞插天青矗矗。奇花异草绕寺深，红翠缤纷皆炫目。道人见我笑相迎，黄冠朱履音容熟。入门先问邱仙踪，碣石峥嵘诗再读。回首却望所来处，明霞乱云自相逐。”子鹤见余践约，甚欢，相与品茶论诗，形迹皆忘。遂请子鹤同游八仙墩，兼谒太清宫，子鹤欣然乐从。适有即墨城慧通道人在座，亦艳之。子鹤又邀友真道人，同为乡导，共订明晨早行。是夜，就宿于子鹤道人丹房。

十六日，早，偕子鹤、慧通、友真诸道人，携筇裹粮，由上宫，行五里至青山。转东，再三里，过试金汪土人呼涧为汪。碎石累累，光圆秀润，俗谓试金石也。汪东，怪石约长数十丈，随潮出没，形如颓垣败堵，倾仆倒地，层层叠叠，嵚岈磊砢，玲珑深黝，不可名状，亦奇观也。由山麓遵海滨向东南行十余里，至山脚尽处，一峰突起，下有一怪石，名“晒钱石”，景亦佳。再自北转南，行过峰头，即到八仙墩。山形圆如覆盂，恰似从中一斧劈分两半，一半矗立，一半倾倒。矗立者，峭壁如削，高有千仞，下垂悬岩，如广檐大厦之敞列。岩顶垂乳累累若滴，如东坡所记石钟乳也。内有乱石纵横，列如棐几，或欹斜，或端正，大小不等。其上横嵌细纹，灿若文锦，五色斑烂，光怪陆离，望之若锦帐倒挂，彩丝横披，海潮冲荡，浪击波撞，如呼如吸，如吞如吐，长空一泻，万斛珠玑，真奇观也。其下一半，则横陈仆地，平铺海面，崖崩壁断，叠作三层。石纹亦紫绿相间，焕若五彩之耀目。来游者直是从锦云彩霞中行，几不知有世间文绣之美也。然怒涛骇浪，四面冲突，鸣雷掣电，又如履武侯八阵之险，起伏变化，莫测端倪。回顾西南一峰，紧靠海岸，巉削耸拔，形如宝塔。友真谓余曰：“此张仙塔也。相传张三丰垒石砌成。旁有大耐冬数株，被村氓砍伐为柴，而今亡矣。”余亦不往，墩外列坐小憩，取所裹干糇，谈笑分餐。余曰：“此崂之第一观也。”子鹤曰：“余遨游江湖二十余年，所历名山，未有如此佳境，可谓天下大观，无出二崂之右者。”余喜，遂作七古以志实景云：“伟哉造物有神功，沧海突兀生奇峰。起伏蜿蜒十余里，随波出没洪涛中。山行到头水截处，水欲翻澜山却住。巨灵鞭劈山腹开，半壁屹立半倾仆。其下幽敞深且冥，划然洞府开重扃。宛如棐几铺茵褥，云霞灿烂明赤城。纹嵌五色位列八，天孙云锦工剪扎。仙人正欲宴蟠桃，更遣白鹤新溅刷。乳岩累累悬石钟，潮来潮去响丁东。水飞倒扶千寻立，珠玑万斛泻高空。百里峰峦争崛矻，千重万复森如戟。造物应厌意雷同，大辟文章开新格。我生万事皆随缘，此身到处常如仙。遨游固善归不恶，归去且撰游山篇。”又有《初游》五律一首：“四顾无余地，游人到亦难。路从天上出，峰自海中攒。水立千寻直，岩垂半壁寒。石纹嵌锦绣，造化足奇观。”盘桓多时，方寻回路。由山脚转北，复折西，行五里，中起一峰，路出山顶，下临不测。山多碎石，又兼散沙，稍有不慎，辄为颠蹶。侧身斜行，膝过于颐。攀藤附萝，口喘心悸。遇一平石，争就憩息。行过此山，路始稍平。忽慧通道人回头指顾曰：“试看海中何多山也。”众皆停步回望，见巨浸中，重峦叠嶂，嵯峨参差，有峰插云霄，壁立海面，横亘南北，绵延约数十里。楼台林木，城郭市廛，若隐若现。共相惊顾。子鹤曰：“此海市也。”倏尔又变沙碛一片，隐约中有村落数处。移时随风变灭，但见晴日空明，海天寥阔，仍复汪洋波浸矣。子鹤笑谓余曰：“昔东坡以冬月不得见海市，祈于广德王，而次日乃见。有诗云：‘率然有请不我拒，信我人厄非天穷。’是东坡犹必请而海市见。今我不曾请而海市亦见，海神之厚待东坡，何如今日之厚待我辈也。”余笑曰：“师忆此诗下联否？句云：‘自言正直动山鬼，岂知造物哀龙钟。’此海神哀我游山之不易，而因惠我以海市之奇观也。”众皆抚掌大笑。去此五六里至张泊，有下宫山庵，入庵，乞茶少息。又行，转西折北，约三四里，方至下宫宿焉。询一了道人，其徒曰：“十年前已羽化矣。”予不胜今昔之感。一了道人，胶州庠生也，能诗善琴。遭南逆之乱，无以为家，遂遁入清门。忆余癸酉游崂时，将至下宫，先寄一诗云：“行至将穷处，忽闻钟磬音。路随山脚尽，云到寺门深。潮落沙留迹，峰回树作阴。道人为旧识，乘兴一追寻。”又《早起》云：“乱峰侵曙色，潮雾逐风生。日出分重晕，鸟鸣多怪声。拂衣云气湿，着屐石花轻。渐次晓钟动，还应机虑清。”一了道人各有答韵：“空谷无人地，跫然闻足音。知君探胜意，走入白云深。好句争千古，看山惜寸阴。丹成我犹愧，辜负此来寻。”“逃脱红尘外，万缘了此生。有时寻道侣，相伴听潮声。癖自餐霞重，身非辟谷轻。知君有仙骨，说与意湛清。”事犹如昨，而人之云亡，可胜浩叹。下宫，即太清宫,规模极整肃。庙分两院,东院三官殿,殿前耐冬、茶花,皆数千年物。客厅前,白牡丹数本,花大如盘,为世所罕有。道院有玉兰两树,黄杨数株,皆大可成围,亦仅见之物。转东,有日照县尹翰编琅若讳琳基新构经神祠,内供汉司农郑康成。尹琅若翰编,文名盛都下,两任主考,两任会试同考,为人傲岸嗜酒。因事罣误,罢职归来,啸歌泉石,亦今世之铮铮者。院后石壁,有镌刻数处,皆漶漫不辨。西院三清殿,殿前亦有古耐冬两株,其余栀子、木梨,各等花木,排列无算,不可指数。又西,有三皇殿、救苦殿。殿后,有一石洞供佛像。洞旁,有大耐冬一株,亦甚古。殿前,有憨山和尚所建佛殿,旧址尚存。下宫,乃风水中之最佳者。三面大山,前临沧海,天然结构,宽敞而又紧严。二崂全神,尽会于此。余宿客厅,月色满窗,潮声到枕,不能成寐。起坐石床,作五古一首:“万峰从北来,刻划如城郭。仙观藏云根,幽境辟绝崿。大海为关栏,结构键扃钥。巨灵鞭群峰,雕镂巧匠斫。耐冬花巨围,枝屈化虬蠖。曾经太始霜,霹雳难摧剥。阴晴不借天,云雾相综错。雨收千岩高,飞瀑从天落。我昔至此山,已纵遨游乐。为践道人言,特来寻旧约。”

十七日,早饭罢,与子鹤、友真、慧通三道友游八水河,顺路看龙潭湾瀑布。由太清宫转西,循海,折北,登西山。约五六里,方至绝顶。下视八水河,如在眼底。自顶而下,复转南过大涧,丛石累历,纡曲为行。又三四里,至一山庵。此庵背山面海,极见幽旷。八水河即在庵下。潮落滩出,乱石丛杂,或欹或立,形如白马。此地海潮与河水相冲激,急湍奔流,跳珠溅玉,喷雪飞霜,形容不尽。南望岛屿,浮沉出没,与波上下。渔舟钓艇,往来如凫。波心翠羽,啁啾荡漾,亦奇观也。入庵少息,由故道转北。两面奇峰,高插云天。中夹深涧,水激石撞,万派声喧。仰视青天,长如一线。遥瞻双峰开处,赑屃巉截,壁立千仞,泉流直下,如银龙横飞,雪练倒挂。下蓄深泓,即龙潭湾也。周旁地势,圆而且阔。细沙如屑,白石磷磷,列如棐几。当中一最美者,宽平如台,可坐数人,正对瀑布,此山灵之特产此石,以供游人憩于其上少抒困倦者，未可知也。惜不携茶具，掬水煮茗，少品清味耳。余有句云："海曲万山攒，中悬百丈泉。直如千尺练，飞下一条天。雪势喷寒窦，雷声带湿烟。时逢采药者，疑是武陵仙。"转东，行数武，地名白缨林，系上宫山庵，产竹最佳。求子鹤斫竹为杖，俟回家，赠卓亭老侄，以为晚年游览之助。此庵，竹石甚幽，又兼西下瀑布，直流急奔，如白练一匹，悬空拖地，莫可尺丈，贾长江所谓"瀑布五千仞，草堂瀑布边"者是也。遂口占七绝一首云："谁与神仙有夙缘，能吟好句便成仙。阆仙仙骨高如许，只在草堂瀑布边。"余深爱此境，流连不能遽去。及行至上宫，日已西转矣。上清宫，古称地灵。余前次来游，见殿宇倾圮，房廊摧折，荒凉冷落，不堪寓目。骚人逸士，亦皆裹足。究其所以，盖以住持失人，故至此也。有句云："深山不见寺，隔水但闻钟。势急岩边瀑，寒生涧底松。阴云埋殿碣，古瓦落晴峰。惆怅兴衰意，何堪寻旧踪。"今余重来，殿宇壮丽，厢廊光华，以及客舍道房，亦皆布置尽善，焕然一新，而其道人肃宾雍容，各有仙风，非复前时之粗鄙莽撞比也。始叹盛衰有数，地虽灵，若无杰人以处之，灵已不灵；人果杰而又当灵地以居之，杰者诚杰。吾于上清宫之盛衰互易，信然。诗以赠之："昔日荒凉地，今来崇构新。盛衰虽有数，兴复自凭人。古殿明金像，回廊供玉真。还将叹羡意，到处赞频频。"晚回明霞洞。

十八日，因赠数峰诗，一时粗心，"岚"字出韵，"海寰"二字又不妥。今早辞行，再留诗以赠之，云："君是蓬莱第几仙，谪居犹住海东天。洞中龙虎自降伏，世上风云任变迁。画稿不妨闲写意，诗情多半在流泉。我今欲去频回首，一路明霞别偓佺。"数峰嘱余，转求张玉峰写画幅，并镌印章数事。早饭后，回上清宫，言及欲回玉鳞口看瀑布，子鹤不能从，转求慧通道人导引。午饭后起行，子鹤送至东山口，辞意甚恳肫，谆谆邀订后期。余许以重阳日再来，一笑而别。慧通引余，由豹子崮下山，过青黄二山，复至翻眼坡。倚石小憩，仰观俯察。西望诸峰，排列如戟。海水浩渺，一望无际。潮冲浪激，山鸣谷应，疑是山灵与海神相呼呵也。余有《观海诗》云:“浩浩复溟溟,空蒙涵太清。潮头随浪起,云脚讶龙行。日迴中流堕,天低尽处平。苍茫烟雾里,时有海禽鸣。”再行,遥见华岩庵,楼阁隐隐,露出山半。因前日山僧傲不为礼,致墨城两秀士呵责而去,今过之,不欲往。慧通道人不知予意,问曰:“先生倦乎?何迟迟不前也?”余曰:“唯唯,否否。”毕述前事。慧通曰:“勿介意。吾所乐者,山水也。点缀山水者,寺观也。陪衬寺观者,僧道也。山水为主,寺观次之,僧道又次之。山水不能无清浊,寺观不能无兴废,即僧道不能无雅俗。山水之清,不以浊者掩;寺观之兴,不以废者掩;况僧道之雅,岂以俗者掩乎?华岩庵,僧众不止一人,何可一律观也?”余味其言,颇有至理,遂往焉。有僧出迓,深谢前日慢客之过,盖非复来时僧也。余问故,答曰:“因有过失调遣。”余不复更问。僧款客颇恭,引看山景。余有七古一首粘壁,云:“名山十年重相见,仿佛犹识故人面。欢呼一笑开华筵,珍错满前恣欢宴。我来正值雨初晴,山犬吠客鸟惊散。峰峦岌嶪深且幽,云树晦明隐复现。松磴屈曲绕僧廊,楼台突兀见佛殿。流水鈥铮鸣瑟琴,怪石嵚岈森戟剑。奇花异草竹连空,参差红翠岩壑乱。峰回路转见洪涛,闪闪波光接云汉。鲸雾倏忽幻蜃楼,蛟龙怒吼风雷战。人生何必苦营私,名缰利锁自牵绊。独恨流光速如电,青山如故朱颜换。安得结茅住此山,芒鞋布袜从吾便。”因忆癸酉来此,《宿南楼》诗云:“危构跨霄汉,云门石径通。暮钟千嶂外,明月一楼中。风静潭声落,鹤栖巢影空。夜深僧语罢,清兴与谁同。”又有《题华岩庵》诗云:“曲径通深院,空门远世尘。钵盂行道诀,山水写僧真。果落敲猿顶,枝垂碍鹤身。自从开辟后,谁问武陵津。”并题于壁。僧见之,进而言曰:“先生好吟乎?寺有十众,敢乞片言,以为僧人光耀。”余乃拟《十僧诗》赠之。其一《晓出僧》:“晓起出云房,行行不裹粮。手持半盂月,肩荷一藤霜。向鬼乞丁火,朝空焚午香。遨游无定所,到处是禅床。”其二《晚归僧》:“杖策过溪桥,斜阳转水坳。烟暝鸦噪树,风定鹤归巢。古刹拨云入,禅门待月敲。且将经担歇,趺坐万缘抛。”其三《夜禅僧》："落日下西峰，苍茫隐梵宫。身教云拥坐，心与月俱空。力定山精避，目瞑神鬼通。尘魔都解脱，夜色自蒙蒙。"其四《午睡僧》："假寐禅心寂，蒲团坐不移。钟声偶断处，香炉未焚时。野鼠翻经过，山魈入殿窥。三乘精奥理，闭目自探颐。"其五《吟诗僧》："诗心与貌古，冷峭似孤松。吟到晓天月，去撞霜夜钟。思当新霁雪，题遍旧游峰。为问推敲处，白云深几重。"其六《托钵僧》："行高能辟谷，不食亦长生。貌瘦如松古，身癯似鹤轻。水摇钵盂影，风送木鱼声。又欲安禅去，空山坐月明。"其七《不出僧》："古寺倚云岩，门前草不芟。时栽栖鹤竹，但补蠹经函。壁挂登山屐，尘封劚药镵。偶来寻道客，空望石巉巉。"其八《遨游僧》："遨游经几年，空钵与身闲。行到山中寺，还看寺外山。笠因添雪重，策为荷经弯。五岳皆探遍，诗留岩壑间。"其九《补衲僧》："补衲松阴下，禅门远世尘。穿针指正路，引线出迷津。剪处水摇影，缝时云拥身。蒲团趺坐久，力定悟前因"。其十《挂单僧》："蒲团与棕笠，杖锡一肩挑。几宿临江寺，还来过海峤。分丹医洞虎，传诀咒山魈。闻说安单后，曾无问市朝。"吟罢，付与僧众，各大欢喜。内一僧曰："先生赠言，敢不苦诣修行，以期证果。但先生为我分题其人，可为我合咏其事乎？"余曰："可。"遂成七律一首曰："晓出晚归终日闲，夜禅午睡两心关。吟诗石榻拥云坐，托钵城衢踏月还。不出总因栽绿竹，遨游只为看青山。有时补衲松阴下，卓锡挂单岩壑间。"僧得诗极娱，留茶点，款待备至。移时而行。由钓龙嘴，转西上山，路甚崎岖，时息时行。方过西山，路旁有石，镌"洞路向北"四字。及至白云洞，日已暮矣。

十九日，早起游山。庙门震向。入门，客舍两处，南北相对。转西，又石级数十层，为二进山门。转北，正山门南向，额题"其尊无对"四字。正北有一巨洞，其形如鼋，极宽亮。内供玉皇神像，额镌"白云洞"三字。洞上覆古松一株，偃枝曲干，如张圆盖。后临大涧，涧北一峰，蔚然秀拔，名"玄武石"。东一石，名"青龙石"。石缝中生银杏一株，干矮枝耸，形极古致。西一石，名"白虎石"。顶建道房，下有小洞。山门外一石，名“朱雀石”。南为厨舍，下临大涧。由厨舍以西，连磴而下，转东一洞，名“普照洞”，仙人羽化处。夹北客舍，有二石，西为菩萨洞，东为笔锋石。庙外，东有二仙山，山腰有石洞草庵，内供神像，竹树皆幽。又有龟石、卧象石。后有天门峰。山西为八门峰。盖白云洞多奇峰怪石、古木修竹，在二崂为第一清绝幽深仙境。余盘桓久之。有诗云：“削壁直如铁，上有造天径。回环万峰中，仙洞辟绝敻。一峰势孤尊，俨若北斗正。众峰列星拱，袍笏肃观听。怪松覆其上，羽葆张曲柄。旁峰镌道房，石级盘嶒嶝。大海横窗前，平铺明如镜。一览到扶桑，岛屿皆可证。远远见孤帆，沉沉度疏磬。日落众峰明，云气时晦暝。欲寻旧游踪，咳唾岩谷应。”余忆癸酉来游，自山后攀援而上，方至山顶，闻犬吠云中，不知其处。及从丛石乱树中曲折而入，向内一望，山门东向，白石门楼，额镌“白云洞”三字，甬巷甚窄。南临大涧，亚字石栏为障。客舍南向，沧波万里，横铺窗前。转西，石级数十层。由石磴连累而上，为二进山门。立此东望，水色山光，一览尽收。下有断涧。借怪树偃蹇欹侧，曲架为梁。余深爱之，名之曰“升仙桥”。有句云：“一径入云霄，下临沧海潮。乱峰镌作屋，怪木架成桥。窥钵猿身屈，听经鹤首翘。欲寻丹灶处，斜日满嶕峣。”盖嘉其本来面目，布置得宜，乃天造地设一神仙窟宅也。余今来此，见白石门楼，改作高大台门，迎门立一照壁。南面一带，又起高房十数间，将山门客舍，可以远览近收之景，全然遮蔽，令人意索。殊不知此地擅胜处，全在山风海涛、奇木怪石，不劳起动，毕呈座下。乃道人狃于俗见，花消数千之工费，起飞檐、建高厦，屏障内外，壁遮海山，将山灵面目，凿毁殆尽。在舆马驺从之客，必见而壮之；而一经高人雅士、具有仙风道骨者，未必不过而陋焉。且白云洞，乃申子辰结局，巽巳方不宜起高房。今巽巳方全变为煞，宜其讼累连年，缠绕不断也。客舍有尹琅若《海市记》，甚工。余匆匆未及录。午后，知客道人林晓阳，遣人送过西山。转南，行七八里，陟数层山巅，始到棋盘石。寺名“明道观”，一殿两廊，内供老君像。东廊为道房，西廊为客舍。山门东向，南对天茶山。又有二仙传道石。山中气候不齐，下宫最暖，经冬有不枯之草，此处甚寒，因居万山之中，地势又高，与天上罡风相近，故寒暑不能如常。时虽立夏十有余日，然春卉方始盛开，惟茶花、木笔更美。口占云："时当立夏已经旬，木笔茶花开正新。定是山灵厌苦热，特教四季尽成春。"道人年老耳聋，问答无闻。余与慧通道人，默坐怏怏。至晚，其徒赶集方回。由庙转东，有玉皇殿三间、客厅五间，局面宏敞，惜皆荒落不堪。由东山转南，即棋盘石。乱石层累，高可数丈，顶平如砥。东有数石，可阶而升，然非壮健有胆力者，不能上也。慧通则攀缘而上，言有仙刻"采仙药孙昙山海求仙石"十字。此必有阙误。转北，又有巨石甚高，上镌一立像，旁有镌字，仅余"孙昙仙药山房"六字可辨，余皆无迹。转西又一巨石，镌题甚多，皆剥蚀不可复识，惟存"昙命"二字。余有咏云："循堑如挂钩，扪壁若攀木。崒嵂亘万峰，一径盘千曲。悬崖势将倾，压顶额疑触。下瞰先挢舌，仰瞻肌骨觫。攀跻分寸难，挥汗湿襟幅。掣电激鸣雷，飞瀑澎怒洑。近寺白云深，峰环水更复。石屋嵌峰头，竹覆鸟影绿。名胜虽遍探，仙踪何由瞩。仙人跨鹤去，空留棋一局。万看虽可争，一误不可复。"

二十日，早饭后，明道观遣人西送。登绝巘，穿幽谷，陟崇冈，过曲崦。自乱石丛树中，约行八九里，至蔚竹庵。时已过午矣。入庙少歇，有道人出迓。视之，乃吾密夏庄李东云之仲子也，道号乾清。李东云，余旧好也，其子亦旧识。余来时，匆匆一过，未得与遇。今回路看山，乾清款留，坚不放行，遂止宿。晚间，谈叙乡情，至夜深方寝。

二十一日，早，乾清道人邀观山景。玄武殿三间，东为客舍，西为斋堂，山门南向。庙后高峰，突兀秀拔。有相公石、官儿石，相峙对立。西顶名"凤凰崮"，东岩名"鹰嘴石"。山麓有大树数株，冰花雪蕊，香气袭人。问树何名，乾清曰："曾未有识其名者。"题句云："古庙结云巅，谁知何代传。无名花满树，是处路通天。乱石杂修竹，双峰挂瀑泉。千岩万壑里，到此即仙缘。"饭后，同乾清、慧通游玉鳞口。缘东山南转，行三四里，过深涧，见南山双峰对峙，飞泉倒挂，两面碧崖紫巘，高数千仞。石皴参差，状若龙鳞，故名玉鳞口。下注无底深潭。盖二崂瀑布有二，南为龙潭湾，北为玉鳞口。龙潭湾，在上宫之南，峰势列如围屏，乃天生一块整石。水流直下，下即龙潭湾。向南直流，下为八水河，入海。玉鳞口，在蔚竹庵南，其势较龙潭湾尤高。自山腰至麓，乱石层叠，累累如阶级然，故跌宕泙湃之势，跳珠溅玉之形，较龙潭湾尤胜。下注深渊，水向西流，至太和观前，与九水向北合流，最二崂有名之水。余初至太和观，讯之土人，皆云："离此不远，约行三四里，向东南入深汪，过双石屋，再入石门，道经倒流土人讹玉鳞口为倒流，再入衙门地名。"内有靛缸湾，上有飞泉，已遇而复失之。今观玉鳞口，峰势峭拔，石色青紫相间，瀑布北向，对面一壁，高约数万仞，横亘数十丈，奇奇怪怪，列如画屏。令探幽者于造物之工，叹观止焉。今土人讹为"倒流"，而失"玉鳞口"之本名，惜哉！余有《观瀑布》诗云："我闻九江庐山瀑布千丈高，奔流入海作洪涛。跳珠溅玉几千里，百川汇此声滔滔。又闻泰山虽云高，不如怪怪奇奇东海劳。昨宿蔚竹庵，今到玉鳞口。名胜虽遍探，斯游讵可负。万峰矗矗走蜿蜒，中有一峡独鸟穿。一峰忽如龙开口，喷出百丈飞来泉。雪练银河倒垂下，下有万古蛟龙斗深渊。轰雷掣电助行阵，满山腾腾起云烟。一龙直北败而走，九瞻九顾九回首。唾沫流涎决长河，曲屈九折盘蝌蚪。鲁连子，安期生，白云深处启重扃。我与二仙为旧友，二仙云中忽招手。穿布袜，着芒鞋，一棹小舟去复来。世间岂无瀛洲与蓬莱？"盘桓多时，方由故道回庙。午后闲游。庙东一池，亚字石栏，金鱼有盈尺者，观之不减濠梁之兴。池上修竹千竿。乾清斫赠两杖，又遣人赴王古庄，贳酒治肴。晚间，欢饮尽兴，食乾鳆鱼面甚美。口占七绝二首，以谢乾清厚意："蒙君胜意慰同乡，廿里迢迢治酒觞。愧我远来无物赠，相酬只是有诗章。""总角仙山学炼丹，卅年煮石采芝餐。何时化鹤归城郭，还把苏耽楼下看。"

二十二日，早饭后，辞行。慧通、乾清及庙内诸道人，送至西山方别。由旧路，复过双石屋。余来经此路，匆匆一过，未及品题。今经回路，留神一览，见村居深峡，飞泉百道，山半平麓，开垦薯田。村童汲水，妇女插秧，见客呆立，愕顾惊视。于仙岩之中，又别开一番田家风味。有咏云："石屋竹篱结净因，山栀野蕨自成春。居人应笑武陵客，不种桃花也避秦。""峡里得逢世外仙，云中鸡犬翠微烟。相看四面无尘物，只有蔚蓝一线天。"再过太和观，闻西山峰顶有洞，前明周鲁镌"仙姑洞"三字，未往观。北山一峰，超拔秀削，名"骆驼头石"。下临长河，即为北九水。盖九水，有南北之称。官老石屋村南，有分水岭。自岭南流者，为南九水。由九水庵至九水庄，下至韩河庵，即更名为"韩河"，南流入海。自岭北流者，为北九水。太和观，即北九水庙。再北，为七水庙子。自大劳观南，即为一水，又有二水、三水、四水、五水、六水、八水之称。其中奇峰怪石、崩崖断壁、峻岭幽壑、绝巘曲崦，自一水至九水，各具奇观，惜今土人不能确指也。此水，自大劳观转西，流至华阴，即更名为矫家河。再西，与马家河会流入海。余因往王古庄，取所寄衣物，故不得览九水之全胜。遂由太和观北，循旧路而行。然嫩松满山，怪石荦确，亦极幽致。有诗云："万转千回路不通，扪萝蹋藓兴无穷。松生绝顶根偏露，水落悬崖潭益空。半壁怪峰插天外，一声清磬堕云中。几回欲访安期去，那得乘槎到海东。"再行遥望，两峰劈开，海平如掌，王古庄依依海岸，下接绿壤，翠流如带。渐行，麦秀离离，桑柘沃沃。乱石嵯峨，中有涧水瀺灂而下，下成巨流，沿河折东。午刻，方至村店歇晌。未刻，自王古庄转西上山。约行七八里，至石人河村名，再三里，过劈石口。路旁有巨石，其状如桃，似从中劈破，两半屹立，中闪一缝，故名"劈石口"。时海云骤起，浓阴遮天，雷声震响。冒雨疾行。转南入深涧，过小村数处。约行八九里，至大劳观，日已西坠。庙居平洋，水石甚幽。

二十三日，清晨，由大劳观转西，再折南。自山腰旋转，行五里，复折东，抵神清宫。过小楼，即入山门，客舍西向。正殿三间，殿角石泉清澈。转东悬岩下，有长春洞，前明周鲁镌"洞天"二字。由殿转西，石磴连级而上。岩顶有玉皇草殿一间。上有古松，一根两干，一荣一枯，名曰“阴阳树”。又一怪松，干透一孔，枝从孔内攒出，虬屈似龙，故名“穿心树”。转西一洞，上镌“单义省羽化处”。洞南平台，石栏为障，可以远眺。余登其上，臭气逼人，视之，乃道人俗恶，立一溷厕。恨恨急下，一茶而去。由山脚转西，行五里，过大劳村。再五里，过乌衣巷村名。得句云：“山深不见村，村径在山上。不见村中人，但闻村碓响。”时满山松花，香嫩可爱。又得“穿林动云气，拂石落松花”二句，以待异日足成之。又行五里，至华阴，日将近午。投店沽酒暂歇。未时，复过马家河、桃林等村。至申时，方到京口。回望二崂，苍烟碧霭，杳茫迷离，若近若远，隐约在指顾间矣。有《出山诗》云：“遨游如散仙，行笈带诗还。晓月随归屐，闲云送出山。迹留岩壑里，意在有无间。检点途中句，到家须再删。”又《出山晚行》云：“崎岖一径晚烟浓，几处斜阳度远钟。行到青山山尽处，白云忽作数层峰。”“后村云起接前村，一带垂杨覆水滨。山鸟不知惊客至，却来当路欲迎人。”管来臣外出，其徒治酒畅饮，食针挺鱼甚鲜。

二十四日，辰时起行。途中四望，目极千里，天空地阔，荡人心胸，即渊明所谓“一盼周九天”也。遂作诗以志出山之妙：“山如丹青厌重复，忽观水墨画一幅。峰峦淡远树萧疏，林麓野彴通花屋。”“山中宇宙隘胸前，直似坐井看青天。在山不如出山好，九天一盼心旷宽。”“人生何必苦龃龉，山林亦须志千古。漫说名山通性灵，拳石亦堪作云雨。”仍由海西村、棘洪滩、麻湾故道，申时至胶州，宿西关宜昌店。时归思甚切，中夜不寐，遂足成昨日之句：“西山翠欲流，东山欲滴翠。欲看东西山，穿林动云气。一径入烟霞，看山日又斜。欲寻南寺宿，拂石落松花。”

二十五日，早，小饮微醉，在店假寐。未时起行，酉刻到家。墀儿温酒治肴，诸孙围灯嬉笑，庭帏话游，更深方寝。口占七绝二首，以志此乐：“看水游山兴不除，归来犹话二崂图。儿孙欢笑慈帏乐，灯下还倾酒一壶。”“一自出门廿日余，庭前花木半荒芜。归来惹得山妻问，客里得诗忘却无。”此游，凡廿有一日。布袜如毳，芒鞋两易皆穿。所未到者，巨峰、九水、天门后、韩寨观、烟云涧、韩河庵、寿阳庵、石门庙、黄石宫、神堂口、石竹涧，以及鹤山。今秋有缘，定寻子鹤道人重阳再游之约。

游崂续纪

同治癸酉春三月，余始游崂。越光绪己丑四月，复游崂。遇上宫邓子鹤道人，交最厚，相伴廿余日，无日不游，无游不偕。故于二崂，游览过半，以时届麦秋，辞归。子鹤订看秋山，约以重阳为期，且谆嘱游崂记成，寄一册山寺。余归作《游崂纪略》，拟秋游携去。秋节甚晚，田功不得遽了，延至十月，乃携杖蹑履，重寻旧约。

初八日，起程。天气晴暖。时未交冬令，仍秋天气候也。有句云："今秋时节晚来霜，十月田家未涤场。直待农功收结后，堪寻旧约补重阳。"抵胶宿店，口占二绝："城边鸦叫渐黄昏，雉堞苍茫一抹痕。自古人烟辐辏地，蛮商鴃舌趁墟喧。""衰柳斜阳照古津，炊烟翳翳杂嚣尘。满城多少往来客，忙里偷闲有几人南人赶集曰趁墟。"

初九日，留胶一日，蔼如宗家，邀余造高氏宅观书画。初出米南宫书东坡《游金山寺》诗册，行草相间，签题"米海岳真迹"，下缀"天籁阁第九号"，知为项子京旧物。有柯九思、文衡山、邢子愿跋，及王莽州、董香光、宋漫堂、朱竹垞赏鉴印。继出高南阜《梅花书屋》及雪蕉条幅、法黄山《江山烟雨图》，皆入妙品。余最喜八大山人，画老柳一株，怪状百出，下临深潭，钓竿斜倚树上。旁一钓翁，两手扳膝，蹲踞其下，闭目听鱼。其神妙直入化境，令观者觉潭中无数游鳞泼剌唼喋，如闻其声。惜过眼云烟，不能常晤耳。后出方孝孺先生草书一轴，粽笔浓墨，字大径尺，上书杜诗"出师未捷身先死，长使英雄泪满襟"句，龙飞凤舞，笔力豪放，凛凛然有生气。款缀"洪武壬子，方孝孺书"，左绫边文震亨跋云："方正学先生，品学兼优，死于靖难之时，年方四十二岁。蜀献王重其为人，延致府以教子弟，颜其斋曰'正学'。先生书法，为文章节义所掩，故流传不多。今观遗迹，想见高风劲节，卓然千古一人也。"右绫边有"椒山心赏""希世之宝"及"高宏图家藏"

印。主人悬挂斋壁，瞻仰移时，令人慨叹悚敬，如见当年草诏掷笔时也。回店，对灯孤坐，追思所见，心神恍惚，终夜不能成寐。

初十日，阴雨竟日。客邸无聊，遂咏七律一首："西风吹雨冷凄其，客邸无聊静坐时。自把清樽沽浊酒，闲开旧卷入新诗。枫林飒飒飘残叶，菊径潇潇透短篱。有约重阳今已负，山灵应是责愆期。"

十一日，过麻湾河，见老翁垂钓。余云："不为贪香饵，何能吞曲钩。"老人笑曰："世事皆如此也。"余因续云："世情皆若此，谁是早回头。"略谈片时，老人携箬归去，余亦就道东行。至李家庄，题句云："二崂名胜几回游，两度春来一度秋。为报山灵休怅望，明朝迟我在华楼。"有王生者，字静庵，问余何往。曰："游崂。"问游几次。曰："三次。"问山中胜景，何地最佳。余曰："皆佳。譬如珍错罗列，在识味者自为品尝之耳。嗜与不嗜，随所性也。"生曰："君游三次，熟悉其胜，可约略言之，一快听闻乎？"余乃详述其概。生听而忘倦，夜半始去。余于灯下，即适所言者，集为长歌一篇："我生好入名山游，足迹踏遍海东头。癸酉之年己丑岁，两度春游一回秋。王生未识二崂面，枉住海澨与山陬。我为约略说名胜，奚啻蓬莱与瀛洲。华阴渐次入佳境，林木蓊翳枝相樛。梨园椒麓盘河曲，山寺水村竹修修。渡河转南到山脚，行过响石登华楼。峰头遍觅仙人迹，文字虽灭犹堪求。华阳书院石楼好，山光水色凭栏收。主人送出东山口，麦秀离离望平畴。九水庵接太和观，四围峰峦森戟矛。东南深峡玉鳞口，飞泉百丈喷龙喉。砯崖雪涧迷去径，攀岩扪壁如猿猴。蔚竹庵中容歇足，一饭曾经道人留。狮子峰头看日出，田横孤岛明丹邱。霞彩千条簇绣锦，洪涛万里焕金沤。明霞仙洞嵌峰顶，缥缈石屋云端浮。欲知邱子炼丹处，上宫碣石诗字稠。子鹤数峰两道侣，谈经余暇诗唱酬。白缨林中斫竹杖，八仙墩上品茶瓯。海市观向张仙塔，蜃楼现化耀神州。太清宫树耐冬古，花萼层叠缀华斿。转过西山八水河，万壑争鸣似箜篌。双峰开处飞瀑下，下有蛟龙注寒湫。倚松坐石观潮海，岛屿浮沉若凫鸥。波心荡漾鸣翠羽，啁啾往来逐渔舟。回路复经华岩寺，行行且住发清讴。古松深覆白云洞，铜柯铁干屈螭虬。穿岭陟巘过曲涧，棋盘石上问仙俦。纡徐再回蔚儿铺，为看瀑布相逗留。神清宫后大劳观，仙踪尚许人穷搜。巨峰推为崂之主，鹤山实为崂之由。万里东南尽一览，高瞰扶桑豁清眸。两度游兴犹未足，更欲秋山看一周。王生王生听我语，曷不随我探其幽？”

十二日，王生来，乞书屏幅。余即将《纪游诗》草书四幅，付之而行。是日，天朗气清，极目千里。东望二崂，如在咫尺。青山明净而如妆，绿水澄清而若练。西风飒飒，落叶萧萧，较之春游，倍觉神爽。得句云：“渐次取程近，行行到海东。野查明晓露，山柿坠秋风。远水芦花外，孤村红树中。遥随松磴转，深入乱峰丛。”由马家河至神堂口，怪石高耸，峪岈嵯峨。上有寺，曰“鸿门”，而今亡矣。余深怀兴废之感，题诗云：“怪石峪岈撑碧空，崎岖路入乱山松。传闻上有鸿门寺，过客无由寻旧踪。”至华阴孙家店宿。

十三日，在店憩息，询黄石宫处。店主曰：“庙宇倾圮，百有余年。石竹涧在其西，亦有僧寺，故址皆没。”问何所。曰：“庄东北山凹处，离此不半里，下为康公祠，东为杨家村。”问康公何神。曰：“邑尹有惠政，邑人祠祀之，至今香火不衰。”余慨然叹曰：“士君子出身加民，不当如是耶？生而勤于民，死而祀为神，口碑载道，流传千古，后有过者，犹能访其轶迹，想其梗概。姓字馨香，虽死犹生。若康公者，吾不知其官于何代，宰于何时。偶一过之，于无意中得闻其人，是身没而名不朽。以视今之官人者，虐政酷民、敛怨为德者，剥百姓之脂膏，充一己之囊橐，一旦天夺其魄，臭声流播，遐迩唾骂，其贤不肖何如也？”[1]余于康公，深叹羡焉。

---

① “以视今之官人者，虐政酷民、敛怨为德者，剥百姓之脂膏，充一己之囊橐，一旦天夺其魄，臭声流播，遐迩唾骂，其贤不肖何如也？”皆朱笔、墨笔双重圈点，其中“今之官人者”“剥百姓之脂膏，充一己之囊橐，一旦天夺其魄，臭声流播，遐迩唾骂”有朱笔勾去。

十四日，自华阴至杨家村。遥望康公祠，高踞山麓。松竹荫翳，半露殿脊。黄石宫石竹涧，即在其上，惜寺院无存。余感七绝一首云："昙道两场一并休，百年胜迹作墟丘。而今剩有孤祠在，惠政犹传旧邑侯。"南行至蓝家庄，望华阳书院，层楼杰阁，高出峰巅。题句云："紫云阁外万峰青，山栗野查落满庭。过客欲来寻旧迹，何人石下夜谈经。""松关深谷住仙家，晓日初升散海霞。记得今春游历处，门前几树木梨花。"由此西南，渐入深山。过七口峪村名、乌喇涧，山雄涧陡，道路逼仄，怪石古木，阴森蔽日。约七八里，至一山庵，丛篁争攒，涧壑奔流，曰"下石门"。再西，过数层山巅，方至石门庙。狂飙骤起，阴云浓布。道会司周道人款客，遂止宿焉。

十五日，立冬。饭后看山。门南向，阶数级，草殿五楹，正供菩萨，东老子，西准提。东厢客房，西厢厨舍。西院为道人精室，奇花古木，分植中庭。山门外，阶西一石，玲珑透剔，怪状百出，名"龙头石"。阶东石岩，野竹错杂，萧疏寓目。正南高峰，为凤凰峰。殿后悬岩一洞，名"皇姑洞"。皇姑者，准提也。西北高峰，两石对峙，形若门楹，取名"石门"，盖以此也。句云："乱峰藏古寺，当路水潆洄。云护石门净，鸟鸣山客来。危岩嵌洞府，飞瀑响风雷。到此尘缘寂，心如一镜开。"

十六日，以华阴店主人言，石门山南竹子庵有郑板桥先生墨迹，试往访之。相传板桥游此，于壁上写风竹，画雨兰。余至此，询诸道人，鲜有知者，余殊愕然。是日，由石门，陟南山，十余里误入深涧，怅然而返。后在白云洞问数峰道人，知已剥落净尽矣。余乃释然。

十七日，仍由乌喇涧、七口峪东北行。是日，西风初霁，天气明朗。一路红叶，满山丹枫，夺目艳丽，不减春花。口号云："霜林浓艳胜春花，一路丹枫逗晚霞。日暮欲投何处宿，数声清磬道人家。"遥望大劳观，深藏红树中。泠泠清磬，自竹林透出。观，远抱大山，近环九水，麦陇薯田，膏土沃壤，为二崂第一宽扩道场。吴道人道真，春游结识，颇契合。口占云："今岁今春曾一过，风光较昨更如何。道人相见还相识，只道秋霜两鬓多。”晚宿道真房。

十八日，与道真言及九水之胜。道真曰：“九水在二崂，最擅名。我自幼出家，山中幽奇处，习知之，可为先生乡导。然必先生为我书屏幅四纸，不然，虽豪贵难动我参斗身也。”余喜其道行非俗。临《十七帖》数则，笑付之曰：“此可作换鹅之《黄庭》乎？”彼此大笑。饭罢，道真引行，过窝落村，转入深峡中。未半里，即一水。山庵两处，跨水而居。红叶绚缦，翠竹交加。峰头怪树，石罅仙葩。飞泉倒挂，玉屑散沙。杂以仙果，山柿野查。道真曰：“先生看此景，较武陵桃源，省却多少桃花。可诗以志之。”吟云：“谷口泉飞处，茅庵三两家。峰头盘怪树，石罅匝仙葩。寺古隐山麓，村幽傍水涯。天开真异境，不必种桃花。”转东里许，为二水。涧水穿入岩穴，复自石罅飞出。怪石林立，有瓜页石、卧象石、狮子石、万年船石、仙人对弈石、二仙传道石、二郎牵狗石。南面削壁千仞，下有寒湫，澈底澄清，游鱼可数。四围山势，方如堂庑。坐石四望，无路可出。南阜先生所云“乍疑前路断，又入水云乡”是也。转南约半里，即三水。南面一峰，蔚然秀起，似老僧披衲趺坐，曰“定僧峰”。“三水峰尤怪，天然古定僧”，南阜先生早咏之矣。西面一带峭壁，横亘数丈，下注深潭。再西再南里许，即四水，又名“糊突河”。飞泉散乱，无渡可寻。南有石，名“玻璃板”。悬岩下，侧铺白石如板，凿成足窠。从此过去，然稍有不慎，即坠深潭矣。余有诗以志其险：“四水真奇险，因奇冒险寻。屈身扪径仄，失足坠渊深。纵有飞仙术，难忘战栗心。石工斫处巧，游客可登临。”过河，南向一石，镌“天启三年正月十九日天开异境”十三字。道真曰：“先师言古时未有此境，自天启三年正月间，大雪，忽于十九日，雪水泛涨，山石崩裂，冲开涧谷，乃有此境。”转南一石，名“鲤鱼石”，形似鲤鱼。再转南里许，即五水。南面一峰，名“天罗网”。因尝伤人，故名。西面一峰，其形似人，名曰“人头崮”。再转东折南，二里许，即六水。西有一峰，名“风石屋”，经年不见太阳，虽炎暑，寒气逼人。东北一峰，挺然而立，名“骆驼头”。再南半里，即七水。村名“七水庙子”，两村跨河而居，分为东西七水。再南二里，即八水。西山顶一洞，名“仙姑洞”。再南半里，至太和观，即为九水。由太和观，东南入深涧，又有内九水，地名“鹰阿涧”，即南皋先生诗云“削壁千寻立，鹰阿识旧名”者也。玉鳞口瀑布即在其上。是日，天气晴燠。一路跳水踏石，十余里抵蔚竹庵，讯乾清道人。其师曰：“收租未回。”师，道号明岩，款客。晚与道真同宿。余有《游九水》五律一首：“河曲九回转，蜿蜒势吐吞。两条峰对峙，万派水争喧。声若雷霆怒，清如霜雪喷。自从开异境，名擅二崂尊。”

十九日，游北山。晚与道真月下品茶。吟句云：“素有耽幽癖，山茶入夜煎。连根烧野竹，带月汲山泉。香散品时味，清余沸后烟。两人兴不浅，何必问神仙。”

二十日，偕道真游东山。

二十一日，侵晨，明岩隔窗呼曰：“天降雪矣，先生可起赏雪。”余披衣启户，见阴云低垂，满天飞雪，顷刻幻作一片玉树琼山矣。岩壑霏霏，鸟道灭迹，松竹飒飒，樵径迷踪。道真然竹煮茗，卷帘清赏。余口占一绝：“晓来和雪汲山泉，然竹烹茶赏雪山。谁把琼楼共玉阙，一时收拾到人间。”又五律一首：“西风吹夜雪，飒飒暗晨钟。历乱凝枝竹，欹斜压顶松。全封千仞磴，半露四围峰。料得前山路，应迷樵客踪。”

二十二日，晴，游玉鳞口，顺路看千山霁雪。

二十三日，玉品庵有道人王云龙来，求写条幅，书杜工部《秋兴》诗四首付之。庵，即捧石寺，大劳观脚庵也。道人谆谆订归路，便道至庵，求书楹联。后偕子鹤游鹤山，竟负其约。

二十四日，偕道真，由蔚竹庵起行，过双石屋。渡河，过西南山头，至王子涧。道真曰：“村东峭壁有仙题，可往观。”壁南向，高数丈，两字似古篆籀，剥蚀不辨，惟屯边可识，似“走之”形。南至龙泉观，即九水庵。刘道人治酒具餐，诗以谢之：“世外神仙侣，能垂青眼看。前游曾借宿，今过又留餐。薯酿新开瓮，菘羹喜满盘。把杯相坐久，畅饮尽余欢。”南过九水庄，略歇，晚抵玉清宫。宫，即韩河庵。南向台门，八角殿，供玉皇神像。东院，北三官殿，南娘娘殿。此庙，襟山带河，地势宽敞。西去李村二十里，南去沙子口十五里，其间有黄草庵、卧云庵、午山庙、小崂山、石老人、石院庵、李村院诸处。峰峦络绎，绵亘数十里，起伏海岸，皆为二崂坤申方外廓。八仙墩，即为巽巳方外廓。

二十五日，自韩河庵，登东山顶。望大海，如在足底。下视灯窑，屋宇鳞次。得句云：“乱山随海转，郁郁翳松杉。村落依沙港，戍楼嵌石岩。烟沉空际鸟，天贴远边帆。东望沧洲畔，晶莹镜一函。”俯级而下，见满壁怪树，红叶紫豆。土人曰：“此山樱桃也。”二里许至一村，曰“西灯窑”。迤东一村，曰“岭西”。再东即灯窑村，有海防营署，系胶汛。河东一村，曰“大河东”。余观此处，一连四村，前临沧海，后抱大山，稻田千顷，菘圃百亩，梨园椒林，连阡接陌，乃二崂第一土沃民肥之区也。西南海滩，名灯窑港，帆樯如林。港北，乱石矗矗，层累而立，玲珑黛绿，横陈沙堰。转西一山，前有僧寺，名“潮海院”。寺居谷口，潮水入扉。海南有大山，曰“南窑”。周围数十里，中有小村数处，为下宫庙产。余有《题灯窑诗》云：“崎岖尽处落平川，菘圃椒梨接稻田。三面峰峦一面海，千里竹树百重泉。屋多跨水斜分径，帆远依山高入天。此是东劳名胜地，教人错认武陵仙。”东至寿阳庵，庵居烟云涧，又名“烟雾涧”。草殿三间，殿前古冬青、白茶花、栀子、耐冬。此处地气独暖，虽届初冬，薯芋尚未全收。霜叶红树，灿如春花。得句云：“山田薯芋未全收，节届初冬犹似秋。霜日风晴天燠暖，满山红叶画图幽。”时已傍午，道人留餐，海蠡甚美。东里许，至韩寨观，又名“聚仙宫”。前殿供玄武，后殿供三官，有大耐冬两株。门对平洋，地势宽阔。西接南窑，东连大海。老公岛、沧洲岛，出没波涛，皆可指数。道人告余曰：“沧洲岛，常有海市，幻出城池人物，但远不能辨其面目尔。”时潮落滩出，夕阳满山。与道真遵海而东，至麦窑村名。见村落依山结篱，渔家隔水为屋。黄叶埋径，落木绕扉。山庄景色，令人神爽情移。咏句云:“云净天空雁影飞,萧萧木叶下晴晖。依山村落斜开径,隔水渔家半掩扉。犬吠偶因生客过,鸡栖自认晚篱归。行行未尽游观兴,已有钟声出翠微。”是晚,宿韩寨观。道人蔡姓。谈及巨峰之胜,道人极言巨峰之险远,竭力阻止。道真颇有退志。余诗以振之,道真乃决从。诗曰:“游遍东劳看巨峰,到来应是一留踪。若教不识主峰面,枉历群山千万重。”

二十六日,与道真自韩寨观,仍回烟云涧。八九里过砖塔岭,五六里过凤安岭。石径盘空,曲折如线。榛莽棘茨,罣笠钩衣。所喜满山樵苏,尚可问津。又四五里,当路,两石若劈,中闪一窍,若窄巷甬道,人从中出,俗名“过裆石”。过此,北望巨峰,即在指顾间矣。余喜,遂吟云:“二崂突兀与天齐,巨峰未到劳攀跻。层层石磴出林杪,崎岖直上青云梯。”“峭石插空前路断,涧壑瀺瀺泉声乱。隔水不须问樵夫,峰头半露铁瓦殿。”再里许,至铁瓦殿,为下巨峰,又名“白云庵”。石阶数十级,山门倾圮,廊庑荒废,仅遗石柱八根。有黄草庵金道人者,就石柱间,结草庵半间,供玉皇铜像。先是殿宇毁时,将神像移于寿阳,至是请回。西葺草舍三间,为道人安单之所。道人,三年前已羽化矣,尚有其徒赵道人在。由庵西,穿岩扪壁,攀跻而上。悬岩一洞,横镌“老君洞”三字。转东峭壁,有陈沂镌“面壁洞”三字。再上,为中巨峰,有洞名“慈光洞”。迤西为上庵,殿宇久废。再上,有峭石屹立,形似危碣,名“自然碑”。绝顶为上巨峰,东为自然庵,基址无存。余观巨峰,高峻而奇陡,礌砢轮囷,建标擢秀。诸峰环拱,若袍笏之朝天帝,肃穆端凝,棨戟之列堂垂,威仪庄重。道人告余曰:“上登极峰,东望扶桑,西瞻泰岱,南穷闽粤,北极蓬莱,尽在指顾间矣。”余闻之心动,惜不能登峰造极,徒切仰止而已。道人又曰:“先师金姓,号云虚子。苦诣修行,有功于巨峰。先生作记,祈撰入记中,铭感多多。”余曰:“唯唯。”又曰:“此山多产髑髅花,亦名不孝草。相传近村夫妇,与其母种豆山田,值骤雨,村夫弃母负妻而奔,上干天怒,为雷击死。后雷轰之处,遍生此花。载入记中,以为劝孝之箴。”余曰:“清幽之所，以此入撰，污我笔墨，即有玷山灵。”道人深服余言。宿庵中。

二十七日，早起，谓道真曰：“此游，原为巨峰而来，既臻其麓，不可不跻其巅。吾与师，再一往观，了此心兴，如何？”道真欣然乐从。予两人，乃复穿云拨雾，踏石攀磴，缘山腰直上。忽迎面石壁，峭拔镵削，直插云霄。仰而望之，盖即上巨峰之半身也。四顾彷徨，无路可跻。余乃浩然长叹曰：“观止矣，不复强登矣！巨峰，固可望而不可即如是夫！”遂题七律一首于石：“巨峰峰顶接苍穹，无计可将云路通。不是身边生两翼，难教足底御长风。大观在上谁堪到，凡骨未仙力易穷。今我看山三度客，何缘飞向碧烟中。”题罢，奋袂长啸，辞道人而行。过东山，而南而东，约五六里，上大山，陟其巅。东望诸峰如培塿，俯而且近。东下，经倒流口，乃无底深堑。与道真倒身膝行，缳縋而下。深芜埋径，古木障天。当涧跳鼯，缘石盘蛇。急欲问津，四顾无人。正心烦意燥，目骇神惊。遥望东山中，有羊肠小径，悬空一线，赴之。又过数层大涧，水飞倒立，雪浪溅衣。上东山，约七八里，隐隐见山凹中，云树葱郁，深藏山庵。刚过山嘴，遇一道人，迎面笑曰：“先生何来？”视之，乃上宫道人郭友真也。余喜出望外，爰作长歌以志游行之险、巧遇之乐。歌曰：“巨峰东南万峰攒，一峰独屹高入天。攀岩扪壁登绝顶，下视鸟道如蜿蜒。深堑无底缳縋下，直如凌空云梯架。相拖相扯倒膝行，闭目咋舌心生怕。荆棘刺眼复塞胸，阴阴怪木迷樵踪。倚石回望所来处，千岩万壑白云封。神魂略定纵远眺，涧谷奫风号万窍。赤蛇盘石黑鼯跳，时闻虎狼天外啸。遥见东山势崚嶒，悬空细路如盘绳。跳水踏石过曲涧，急湍怒洑轰雷霆。心惊目瞪正骇怪，迎面一人向我拜。呆立半晌转自猜，疑是神仙来方外。殷勤絮絮道寒温，始识上宫郭友真。此游山灵还助兴，特遣道人指迷津。”友真乃邀南行。半里许，至天门后先天庵。正殿三间，道房拆毁，松竹无存，庭前惟余银杏两株。迤南即天门山，上逼霄汉，二峰对峙如两楹，邱真人书“南天门”三大字。梯子石，窄狭胡同，俗名“狗洞子”，即在其左。问此庵荒废之故。友真曰：“此下宫某道人所激也。八水河以西，原系官山。西山村民，赖此樵牧为生。道人某者，据为己有。村民屡讼屡败，乃纠众多人，将道众擒缚，斩伐山林，故荒废至此。”余闻而叹曰：“此天道好还之理也。若某者，既入清门，宜修清福，乃徒以夺人之有，利己之私，一旦众怒交攻，鼓噪而来，万贯蓄积，席卷一空。《书》曰：‘货悖而入者，亦悖而出’。天道好还，理有不爽？天下非某，而类某之行为者，皆当以某为炯戒也。”忆癸酉春来游，曾识其人。一了道人语余曰：“他日坏太清宫事者，必此人也。”一了子可谓知人矣！北过耙鱼石，形似耙鱼，故名。经蛤蟆湾，峭壁屹立，下有深潭。再东二里，由椒子园，抵至上清宫。子鹤见余不负旧约，深为欣喜。其弟号治平者，亦令相见。萍水相逢，欢若平生，遂订为忘形交。晚宿客堂。

二十八日，早起，上宫口地名看日出，因海雾不见。吟句云：“潮声寒绕寺，夜色尚蒙蒙。斜月凝虚雾，残星敛远空。野禽喧海曙，清磬响山风。即此寅宾候，仙缘谁许通。”“松磴高千仞，崚嶒接上方。泉声寒咽月，树色晓凝霜。海面深埋雾，山容淡扫妆。扶桑咫尺近，烟水望茫茫。”是日，同子鹤，访数峰道人于明霞洞。知客道人曰：“昨日已往高密，向君家取画去矣。”余闻之，怏怏如有所失。仍回上清宫，与子鹤西涧试茗。得句云：“茶似高人品，性情和且平。味饶山水古，香沁齿牙清。泉向云窠汲，火随丹灶烹。斯游真不厌，句与鹤仙赓。”子鹤答曰：“曾伴秋蛩吟月明，深山幽谷少人赓。今宵幸得玉川子，共饮山茶七碗清。”

二十九日，经亭道人携茶具，偕邓治平，同游龙潭湾。就瀑布下，支石然竹，掬水煮茗，恣意盘桓。经亭曰：“此处龙潭湾之上，为玉龙口。可上寻水源，顺路看仙女盆。”于焉复回白缨林，上西山，约三四里，至玉龙口。乱石纵横，泉自石出。又转北，而东而南，有双石对峙，中若甬巷。过者，须侧身斜行。东有两石平铺，长若断桥。探身俯视，下为万丈深涧，令人悚然。过此即仙女盆。一石矗立，顶平如台，上有凹池，水清不涸，周旁可坐数人。憩息片时，由旧路下山，仍自椒子园回寺。时已近晚餐矣。白缨林者，地多白马缨成林也。

三十日，吴道真辞回大劳观。余与郭道人游水帘洞，失路而返。看道山洞，洞在三官殿后，镌“道山”二字，旁缀“毕先”二字。邱真人诗所谓“醮罢归来访道山”者即此。毕先，疑是道山之名。

十一月初一日，在子鹤道房，啜茗清谈。子鹤耽吟，忽谓余曰：“闻贵邑李少鹤先生著有《中晚唐诗主客图选本》，至今南北诗人奉为圭臬，惜未之见也。亦有古体诗否？”余曰：“《主客图》有二：律以张水部为清真雅正派主，下分入室、升堂、及门三等之客；以贾长江为清奇僻苦派主，下分入室、升堂、及门三等之客。学诗者，各随性之所近入之，此初学入德之门也。《古主客图选本》，五古以陶渊明为主，而以韦苏州、王右丞、孟襄阳、储光羲、柳子厚为客。七古以韩昌黎为主，而以孟东野、苏东坡、陆放翁为客。大抵所论，与渔洋略同。又逐字逐句，详加评骘。细读诸诗，便有意会耳。”子鹤又问：“《古诗十九首》，前贤亦有评点。不经口授，终同嚼蜡。先生亦有异闻否？”余曰：“《十九首》，不知始于何人，然其语敦厚，其意深长，其情缠绵而悱恻，深得《三百篇》之风旨、二十五骚之肫挚。少鹤先生论之甚悉，又引证六朝唐宋以来诗人拟作，反覆推阐，以发其奥邃。如其一：‘行行重行行，与君生别离。先生批云：“试想此句此字，如何下来。”相去万余里，各在天一涯。道路阻且长，会面安可知。胡马依北风，越鸟栖南枝。相去日已远，衣带日已缓。浮云蔽白日，游子不顾返。思君令人老，岁月忽已晚。弃捐勿复道，努力加餐饭。先生后批云：“休元作，得忠诚悱恻之义，须知全从原诗翻出也。”又云：“胡马二句，兴也。”在此中间，似横空无著，不知已注到“游子不顾返”句。李星五贻经云：“‘道路阻且长’，已难会面，不顾返则更难会面矣。两层逼赶，方才说出‘思君’‘弃捐’等语来，便如水从源流，木自根生无异矣。”又云：“‘胡马’二句，原为‘不顾返’作开笔，却以‘相去日已远’三句先之，力量更大，转落无痕。”又云：“不道‘弃捐’，而劝‘加餐饭’，所谓可以怨也。”’陆机拟云：‘悠悠行迈远，戚戚忧思深。此思亦何思，思君徽与音。批云：“奇。”音徽日夜离，绵邈若飞沉。批云：“承明，然音徽如何可离，正以不可离而离，为可伤耳。”王鲔怀河岫，晨风思北林。游子杳天末，还期不可寻。惊飙褰反信，归云难寄音。批云：“字法，音妙。”伫立想万里，沉忧萃我心。揽衣有余带，循形不盈衿。此二句，即形容衣带已缓，而自成其妙。去去遗情累，安处抚清琴。注云：“‘安处’二字，犹言何事何用也。”后批云：“此诗不自立义，但即原诗咀吮之，自觉有汁浆可味。后人学古而成甘蔗渣者，不省此诀。”’刘铄拟云：‘眇眇陵长道，遥遥行远之。回车背京里，挥手从此辞。堂上流尘生，庭中碧草滋。寒螿翔水面，秋兔依山基。芳年有华月，佳人无还期。日夕凉风起，对酒长相思。悲发江南调，忧委子衿诗。卧觉明灯晦，坐见轻纨缁。泪容不可饰，幽镜难复治。愿垂薄暮景，照妾桑榆时。先生批于诗后云：“此自有所感。铄以宗室而见疏间，故多忧怨之词。”又云：“结处尤见婉挚可感。”’李白拟云：‘去去复去去，辞君远忆君。汉水既殊流，楚山亦此分。人生难称意，岂得长为群。批云：“妙用宽解。”越燕喜海日，燕鸿思朔云。批云：“此亦依也。”别久容华晚，琅玕不能饭。批云：“上下无承接。”日落知字法天昏，梦长觉字法道远。望夫登高山，化石竟不返。后批云：“句意或时错落，然句法格韵，大概袭之。太白天才，乃亦尔尔，可知诗必先学，方能自造。”又云：“‘越燕’二句直袭之，反逊其妙。不如‘代马不思越，越禽不恋燕’，一反掉间，乃妙乃新。”’韦应物拟云：‘辞君行远迈，饮此长恨端。已谓道里远，如何中险艰。流水赴大壑，孤云还暮山。无情尚有归，行子何独难。批云：“此不能不承明矣，然视原诗为稍浅。”驱车背乡国，朔风卷行迹。严冬霜断肌，日入不遑息。忧欢客发变，寒暑人事易。批云：“二句包括古今多少情语。”中心君讵知，冰玉徒贞白。先生后批云：“疏古淡永，韦苏州之本色。此诗，亦疏古，亦淡永，然非全任本色。”又云：“苏州心清而节高。此诗一结，正得真意。”’白香山拟云：‘戚戚复戚戚，送君远行役。行役非中原，海外黄沙碛。批云：“此专指征戍。与原诗别。”伶俜独居妾，迢递长征客。君望功名归，妾忧生死隔。批云：“直捷透露，更不些子含糊。以下又转出一层，与原诗别。”谁家无夫妇，何人不离拆。所恨薄命身，嫁迟别日迫。批云：“句简意远。”妾身有存没，妾心无改易。生作闺中妇，死作山头石。先生后批云："香山诗，好处曰达，不好处曰浅。然不能及古者，浅也。所以可追古者，亦浅也。使香山欲饰其浅，而貌为高深，则必不能为香山之诗矣。"又云："问：'东坡谓俗，或亦以其浅乎？'曰：'浅非俗也。后人不甘于浅，正是俗处。坡公滑稽语，不可为训。'"又云："后四句，即同供奉左司，然不免更直浅矣。岂惟逊于古诗，即视两家亦降也。然甘为降处已难及。"'江淹拟云：'远与君别者，乃至雁门关。黄云蔽千里，游子何时还。批云："数语婉恻可感。"送君如昨日，檐前露已溥。不惜蕙草晚，所悲道里寒。君在天一涯，妾身长别离。愿一见颜色，不异琼树枝。兔丝及水萍，所寄终不移。先生后批云："世言文通拟古，无不逼肖。惟于李都府不相似耳。其实拟古诗，及班婕妤，亦不逮远甚。然固无害为佳也。"又云："结意与后来有唐诸子，所拟相同，然婉于白乐天，而弱于韦苏州，非笔弱也。以文通人品，本不能如韦苏州之孤峻耳。"'此古诗十九首之一也。惜全本已遗，不能备述。所贵好学深思之士，领会得之。余初学诗，得单子春桥永安师事之。相处三十余年，得聆其绪论。春桥衍三李之学，颇得真谛。尝谓余曰：'凡作诗推敲之功，断不可废。少鹤批太白改《白头吟》，以示后学，曰：'太白天才，凡有所作，尚且数易其稿，况我辈乎？'其拟《白头吟》初稿云：'锦水东流碧，批云："'碧'字凑。"波荡双鸳鸯。雄巢汉宫树，雌弄秦草芳。相如去蜀谒武帝，批云："直叙本传无味。"赤车驷马生辉光。批云："在此，都是无着闲语。"一朝再览大夫作，万乘忽欲凌云翔。批云："着此二语，太远太松。"闻道阿娇失恩宠，批云："接太顺便，涉庸。"千金买赋要君王。批云："此段太冗长失势，所以节之。"'太白自改云：'锦水东北流，波荡双鸳鸯。雄巢汉宫树，雌弄秦草芳。宁同万死碎绮翼，不忍云间两分张。此时批云："接得超忽不测。"阿娇正娇妒，独坐长门愁日暮。但愿君恩顾妾深，岂惜黄金买词赋。'初本其二云：'相如不忆贫贱日，位高金多聘私室。批云："此一句不成语。"茂陵姝子皆见求，批云："此一句亦不了澈。"文君欢爱从此毕。泪如双泉水，行堕紫罗衿。五起鸡三唱，批云："率句。"清晨白头吟。批云："二句不贯。出'白头吟'，亦太无势。"长吁不整绿云鬓，批云："此句不成语。"仰诉青天哀怨深。城崩杞梁妻，批云："此句不切合。"谁道土无心。批云："率促。"东流不作西归水，落花辞枝羞故林。'太白自改云：'相如批云："捷转。"作赋得黄金，丈夫好新多异心。一朝将聘茂陵女，文君因赠《白头吟》。批云："出落得筋节。"东流不作西归水，落花辞条羞故林。'先生后批云："蝉联环转处，笔最曲而最达，机最畅而最紧。平叙之中，矫变不庸常。于此可悟剪裁之妙，不可无洗刷之功。覆视原稿，冗率多矣。"'初本其三云：'头上玉燕钗，是妾嫁时物。批云："亦有致，而于此未免庸常。"赠君表相思，罗袖幸时拂。批云："此句孱。"莫卷龙须席，从他生网丝。且留琥珀枕，还有梦来时。鹔鹴裘在锦屏上，批云："不成语。"自君一挂无由披。妾有秦楼镜，照心胜照井。批云："此句凑韵。"愿持照新人，双对可怜影。'先生后批云："改作删此六句，真大手笔。不然，松懈而庸熟，累此诗矣。"太白自改云：'兔丝故无情，随风任颠倒。谁使女萝枝，而来强萦抱。莫卷龙须席，从此生网丝。且留琥珀枕，或有梦来时。批云："'此'字、'或'字，改得好。"'初本其四云：'覆水却收不满杯，相如还谢文君回。批云："此一句孱甚。押'回'字，尤凑甚。"古来得意不相负，只今惟有青陵台。'太白自改云：'覆水再收岂满杯，弃妾一去难重回。古来得意不相负，只今惟见青陵台。批云："结出本意，与起处正相吻合。"'"子鹤又问国初诸公："若吴梅村、王渔洋、赵秋谷、宋荔裳、程渔门、施愚山、朱竹垞、沈归愚、何南园、蒋苕生、黄仲则、洪稚存、孙渊如、袁简斋等，皆能主持风骚，为一代诗家。然愚意独不喜袁简斋，诗话亦不纯粹。"余曰："'两般秋雨庵'，言赵云松，讼其贪利好色，为名教罪人。刘石庵守江陵时，恶其伤风败俗，欲毁随园。李少鹤为袁简斋一生所推崇，尝言'遨游几遍天下，仅得二士，山东一李，山西一李'。山东李，即少鹤也。然李少鹤《南游笔记》寄李松圃一札云：'仓山《诗话》，翻阅一过，多见势利浮薄。才翁一生底里，全为败露。惜哉！亡是可也。仆尝谓学诗者，志必迥上，勿为近囿，方成一代豪杰。若前明之七子、国初之钱、吴、王、朱，皆不可落其圈套。近之沈翁，况益下矣。兹观才翁蔑视诸子，而所录乃如是，尚不足当归愚之垒，矧欲撼渔洋、竹垞之军哉？再如松圃诗，得力在陶韦，故愚兄弟叹为独出。才翁亦非不能见及，而所载止七言数章，皆不甚经意之作，可谓买椟而还珠矣。试观仆选《韦庐集》，数诗先已芟剃，可知凿柄之不相入也。大概王、朱以来，总不脱好名之病，而才翁尤甚。王、朱一下笔，必求当世学士大夫人人道好；才翁一下笔，直欲使贩夫牧竖人人道好。无惑乎，格愈降而境愈下也！白香山诗，八十老妪亦解，而其胸次之高超，品格之卓越，虽巍巍堂堂如苏子瞻，且莫能企及，所以为万古广大教化之主。若所言不过如老妪意中所欲出，则不过一老妪诗耳，何足以不朽哉？王、朱所选诗，不能尽得古人真气，然尚有其所得，典雅清逸，足形一代之风。归愚所选，茫然无所得矣，然尚未至鄙悖，不谓一变至此。举眼前嵬瓃庸下、土苴粪壤，无不收入，此其朽败可立见耳。即当时大有名位者，能震压乎一时，不能力持于身后，在其本人亦自知矣。乃又从而阿之比之，遂不得不强载其诗，岂谓天下后世，皆无目者乎？凡此皆王、朱、归愚所无也。钟嵘推陈思王，如鸟兽之有麟凤，为品第一。才翁亦许仆为风尘中麟凤，不可为不至矣，而仆不敢不极辨者，恐后人谓“李子乔以袁子才誉己而袒之，遂昧是非之公也”。松圃以为何如？’王侍御直庵先生《戏题随园诗集》云：‘才翁喜以才自嬉，颠倒一世如小儿。真能驴背识贾岛，但不屑意研敲推。门下扰扰杂良楛，以枚数之逾仲尼。风情逸出白傅上，翠眉红颊娇来师。戏驱风月供批抹，纷纷底为争妍媸。有时正色问千载，卿辈浅识聊相欺。见者心醉喜欲舞，亦有怒者张其髭。同堕翁术各莫觉，仰天直使缨脱颐。翁集百种浩如海，后人眼手烦看披。敢请欲读翁集者，平心先读我此诗。’”子鹤跃然起曰：“此札此诗，可谓才翁千古定评也。”谈至此，晚饭梆发。高殿诵经，已三过矣。

初二日，大雨入夜不止。余有《上宫阻雨》七律二首云：“上宫阴雨阻归期，留滞今朝行又迟。好借看山评旧画，偶因啜茗得新诗。一天浓雾遮峰面，万壑急湍奔海湄。幸是仙房堪信宿，满厨薯芋似甘饴。”“阴云漠漠锁峰峦，倾耳西窗雨未残。丛石生皴拥落叶，飞泉添溜乱奔湍。喧声入夜连潮急，湿气侵朝带雾寒。留滞名山无一事，挑灯检点道书看。”

初三日，雨止。经亭曰：“先生此游，可谓山灵助兴。昨在蔚竹庵看雪，今又酿此一场大雨，岂非不遇之遇，出人意外乎？先生得看龙潭湾雨后瀑布矣。只恐石雾草露，沾濡衣履，有怯于行。”余曰：“凿险缒幽，方且不惮，何况衣履？”遂披蓑戴笠，毅然独往。但见海雾弥漫，四望诸峰，烟笼云罩，一无所见。惟闻涧谷泉声，雷轰震耳，真所谓“天上片时雨，山中竟日雷”也。时值天气暖燠，无异炎月，又兼林间残漏，草际余滴，比及龙潭湾，汗流浃背，衣履尽湿。坐石北望，见瀑布三道，奔流而下。烟雾蒙蒙，直塞青天。珠玉滚滚，散落碧潭，势如潮涌，声若雷鸣，真奇观也。爰作长歌云：“昨日蔚竹庵中雪，岩壑明灭两奇绝。绀宇倏忽幻琼楼，玉屑飒飒松竹缀。今日上宫雨满山，轰雷掣电飞瀑泉。碧崖紫巇埋沉雾，海云漠漠吞空天。昔读道子画，中流砥柱通河源，洄澜倒激雪浪掀。又咏徐凝诗，瀑布瀑布千丈直，一条界破青山色。河源香炉旧传闻，那及身历二崂真。双峰开处挂银龙，一落千丈翻碧空。喷云吐雾霹雳响，珠玑错落散天风。漫说南朝四百八十寺，昔日楼台今不同。我兹来游非春夏，初冬气味偏融融。二崂山色饱餐遍，观瀑又到东海东。乃知山灵通造化，妙处尽在烟雨中。”晚回上清宫。

初四日，子鹤有入城之役，遂与偕行，顺路游白云洞、鹤山、凝真观，以及城南大庙诸胜。由上宫口下山，至翻眼坡。碕岸临于怒涛之上，凡过此者，高深是惧。时值北风吹雪，侵衣透寒。旋心河山水泛涨，冲水而过。将至岸，而子鹤失足，余亦几蹶，乃扶曳登岸。由钓龙嘴上西山，恰是夕阳初霁，霞彩满山，丹枫与苍松掩映。遥望白云洞，高出云表，别有一片画意。遂抵宿焉。

初五日，早起观日出。见大海中，霞彩千条，金光万道。俄焉，微红一点，渐而半规如月。顷之，光圆如轮，离水数尺，即流眩夺目矣。道人林晓阳曰：“今朝海面，尚有微云笼罩，不及海天一色，无半点尘滓。但见火轮自水中，渐涌渐上，恰似锦帕托镜，古赋所谓‘赤云捧日’，即此景也。然一年之内，所遇不过三两次，未可常得也。”余有诗云：“坐看扶桑日，寅宾到海东。火轮生巨浸，霞彩散晴空。四面天犹黑，中流晕独红。黄人高捧出，大地晃曈昽。”客堂有元和县陆殿撰润庠来督学山东，为尹琅若书《白云洞观海市记》一篇，录之以存其文。记云：“海市多在登州。昔人所记，大抵时值春夏之交，天宇晴明，东南风大作，而海市始见。或见重楼翠阜，并市廛人物，幻景不一。市过往往有雨。苏东坡以十月见之，然非常有也。丙戍[1]十月十三日，偕陈搢卿总戎，登崂山之白云洞，云庵道人导之游。策杖陟西峰。时天气晴燠，无殊重阳节候。望东南海中，大小管岛、巉岛、车轮岛，历历可指数。忽见车轮岛之西，涌出五六山，高卑不等。予曰：‘此何岛也？’道人曰：‘彼处无岛。居山者习知之。’予曰：‘然则其海市乎？’高坐凝眺，众山时分时合，络绎相互。俄焉，东面突起一峰，崭岩秀削，若太华之莲花峰，上插空际。顷之，西南一带皆山，绵亘数十里，卑相附，高相摩，亭然起，崒然止，若奔若蹲，若斗若倚。所谓衡山七十二峰、嵩阳三十六峰，悉于一览得之。又顷之，山南火光炯然，东西凡三处皆火，如日将出。时红云簸荡，霄汉通明，其光耀众山，又若夕阳之返照者。木华《海赋》云‘阴火潜然’，殆即此与？已而火光渐低渐白，化为一片沙碛。其旁烟树苍茫，城郭楼台，隐隐可睹。而西南数十里，众山皆平。沿山皆有村落，如见海岸民居然。盖自午至酉，历三时余，景象数变，俨同实境，非缥缈虚无可比。迄日暮乃灭。惜相距稍远，不能辨市廛人物耳。陈君谓余曰：‘昔苏东坡至登州，欲观海市，祷于海神始得见，作诗曰：‘率然有请不我拒，信我人厄非天穷。’欣幸之意，溢于言表。今崂山，非观海市之地，竟不待祷而得之。海神之贶我，不更厚乎？’余曰：‘不然。凡事未成之先，必有其兆。月晕而风，础润而雨，皆兆之先见者。海之有市，盖以久晴必阴，海气蒸

---

① 戍：似当为“戌”字。

腾，偶尔虚空构象，如尘埃野马，并游气所为。理有固然，本无足异。《史记·天官书》以为海旁蜃气，殆臆说也。《渔洋笔记》云：'广州之虎门合兰海，每岁正月见海市。'黄太冲宗羲，亦言宁波有海市，不言其时。是海市不独登州为然，无定地，亦无定期，或祷而后见，或不祷即见，造物总应以无心。如以神灵厚贶，遽自矜诩，乃文人欺世之谈，吾不敢信。推而言之，人与天托于运气之中，为所推移，而不能自主。其间穷通得丧，万有不齐。正如树花随风，堕茵席，落粪溷，皆适然相遭，非天之故为赏罚也。是故昔日之所无，今日有之不为幸；昔日之所有，今日无之不必惜。君子委心任运，一切听其自去自来，自生自灭而已矣。世情万变，何不可作海市观乎？又何必以观海市为异事乎？'陈君笑而不答。是晚，宿白云客舍。黎明，推窗望之，海雾迷漫，咫尺莫辨。须臾微雨蒙蒙，持雨具，踏云而行，又往西山之西矣。"午后，晓阳道人邀游楼门峰。洞之北，巍然一峰，顶有两石对立，中如甬道，曰"楼门"。洞之东，石塔曰"田祖塔"，开山师田白云也。白云洞之名，殆始此。晚读《即墨志》。

初六日，海中大雾，看日出不得，独步东山。选竹杖，未得佳者。有句云："选杖入幽林，万竿森碧玉。心期拔其尤，物色炫吾目。呵护定山灵，萧疏依涧谷。奇材不易求，三顾此烟麓。"

初七日，数峰道人闻余信，访至白云洞，留与夜谈。案头有《道德经》，子鹤翻阅一过，问余曰："《经》果出老子手乎？"余曰："老子所作无疑。以其与儒道相表里、佛教相参通，非深明性理、洞见天人者，不能道也。上篇明道而浑于德，下篇论德而妙于道。全经以'动静有无'四字，阐发道之微妙玄通。盖动根于静，有原于无。未动之先，静也。由静而动，是动生于静矣。未有之先，无也。由无而有，是有生于无矣。静矣，然犹有静之名也，并静之名而去之微矣，惟微故妙。无矣，然犹有无之名也，并无之名而没之玄矣，惟玄故通。微而妙，玄而通。《经》曰：'道可道，非常道。名可名，非常名。无名天地之始，有名万物之母，故常无欲以观其妙，有欲以观其徼。此两者，同出而异名，同谓之玄。玄之又玄，众妙之门。'即此一节论之，孔子曰'惟天为大，惟尧则之。荡荡乎民无能名焉'，非'无名天地之始'乎？'巍巍乎其有成功，焕乎其有文章'，非'有名万物之母'乎？'无为而治者，其舜也，与夫何为哉？恭己正南面而已矣。巍巍乎舜禹之有天下而不与焉'，非即'无欲以观其妙，有欲以观其徼'乎？恭己无为，非即'玄之又玄'；南面而治，非即'众妙之门'乎？"数峰曰："'天下皆知美之为美，斯恶矣；皆知善之为善，斯不善矣。故有无相生，难易相成，长短相形，高下相倾，声音相和，前后相随。是以圣人处无为之事，行不言之教；万物作而不辞，生而不有，为而不恃，功成而不居。夫惟不居，是以不去。'何谓也？"余曰："有恶而美以形，有不善而善以见。使天下无恶而美奚名，无不善而善奚称？自有美恶善不善之分，而有无难易、长短高下、声音前后，纷然杂出矣。圣人当事而为，无为之之心；当教而言，无言之之意。圣人且不自知其美且善也，岂复有恶与不善继之哉？圣人居贫贱而无贫贱之见存，居富贵而无富贵之见存。此所谓不居也。我且不居，彼尚何从去哉？此居之至也。孔子曰：'苟志于仁矣，无恶也。'既无恶，则仁全矣；'富与贵，是人之所欲也。不以其道得之，不处也。贫与贱，是人之所恶也。不以其道得之，不去也。君子去仁，恶乎成名？君子无终食之间违仁。造次必于是，颠沛必于是'，非所谓'夫惟不居，是以不去'乎？又如《经》云：'昔之得一者，天得一以清，地得一以宁，神得一以灵，谷得一以盈，万物得一以生，侯王得一以为天下贞，其致之一也。天无以清将恐裂，地无以宁将恐拨，神无以灵将恐歇，谷无以盈将恐竭，万物无以生将恐灭，侯王无以贞将恐蹶。故贵以贱为本，高以下为基。侯王自谓孤寡不穀，此其以贱为本耶？非乎？故致数舆无舆。不欲琭琭如玉，落落如石。'所谓一者何？诚也。子曰：'吾道一以贯之。'《中庸》曰：'所以行之者一也。'一之存浑于道，道之发始于一。老子曰：'道生一，一生二，二生三，三生万物。'万物生于三，而三生于一，一生于道。道无自而生，独往独来。未有天地，即有此道。大而莫外，小而无内。语大天下莫能载焉，语小天下莫能破焉。老子之道，即夫子之道，故曰‘与圣道相表里’也。但老子主于清静无为，孔子主于明体达用。后世执老子之道，以乱天下者有之；而学孔子者无大过，中人以下之资，无不可以入道，非若老子之高谈虚无，令人惝恍杳冥于其中也。”子鹤曰：“何谓‘与佛教相参通’？”曰：“佛以寂灭为主，道以清静为宗，儒以中庸为正，皆不外于明心见性，尽性至命，知命达天。但老子犹以动静有无明道之一；佛则寂然不动，灭之绝无，并所谓一者而去之，直从未有天地以前，空空洞洞，浑沦无物，为下手工夫，成何教法。然其言死生、言因果、言轮回，犹不外于觉世牖民之心，故曰‘老子与圣道相表里，与佛教相参通’。《中庸》为阐道之书，开章言性言道，戒慎恐惧，极之中和位育。原其所以，总归于诚，曰：‘诚者，物之终始。不诚无物。是故君子诚之为贵。’诚即一也。物始于一，而终于一，老子所谓‘圣人抱一以为天下式’也。又曰：‘至诚无息。’极之言溥博渊泉，中国蛮貊，以至凡有血气，莫不尊亲，即《心经》所谓‘摩诃般若波罗密多心经，观自在菩萨，行深波罗密多时，照见五蕴皆空，度一切苦厄’诸意义也。摩诃，译‘大’字，广大无际。般若，译‘智慧’。波罗，译‘彼岸’。密多，译‘无极’。又‘密’取‘和’意，‘多’取‘众’意。释云无极，道云太极，儒云皇极。‘心者，人之本源。一切诸法，尽在一心之内，有八万四千等，动则无穷无尽，静则不变不移。’释云：‘心生，种种法生；心灭，种种法灭。’道云：‘心死，则性月朗明；心生，则欲尘遮蔽。’儒云：‘人心惟危，道心惟微，惟精惟一，允执厥中。’经者，径也，修行之路径也。“摩诃般若波罗密多心经”解作‘广大智慧得到彼岸无极源头之路径也’，不即‘溥博渊泉时出’之义乎？‘观自在菩萨’句：观，收听返视也。自在，自然而在也。菩，普也，周遍也。萨，有情也，梵语‘慈悲’是也。慈无不度之众生，悲无不救之苦难，即儒道之‘民胞物与’也。儒曰‘善人仁人’，即佛曰‘菩萨’。翻译其语，即慧观自在，普遍周匝有情也。‘行深般若波罗密多’句：行，修行也，修是修心向道，行是行善归真；深，幽微玄妙，澈骨透髓处也。若要到此田地，须是打并轻快方可。老子云:'损之又损之,以至于无为。'佛家曰:'放下又放下,自然身心轻快。'儒者曰:'苟日新,日日新,又日新。''是故君子无所不用其极。'般若,智慧也。波罗,到彼岸也。迷者有生死、堕轮回,此岸也;悟者超生死、脱轮回,即到彼岸也。若要到彼岸,须是自生智慧,打破生死关,跳出轮回圈。道云'得鱼忘筌''得兔忘蹄'。佛云:'过河须用筏,到岸不须船。'儒云:'得意忘言,得言忘象。'密多,无极也。无极而太极也。太极生两仪,生四象,生五行,五行生万类。有情无情,皆属道之含摄。言人人能扫除四万八千邪魔,修到功行圆满,自可登无上至一正果也。时者,正见之时也,言见亦无可见,言时亦无定时。仙师曰:'一阳初动之时,自有无穷消息。'古德云:'清风飒飒透心怀,此时快乐人难识。'玄之又玄,无东西南北,无四维上下,无过去未来现在,虚空平等,与大道混混,无有二处,共归一时。此'时'字,即'君子而时中''时'字。'照见五蕴皆空'句:何谓五蕴?色、受、想、行、识五者是。色,窒碍之义。见境逢物,不着不染,色蕴空也。受,领纳之义。遇一切声色境界,心不领纳,受蕴空也。想,妄想思虑之义。若过去不思,未来不想,现在自如,想蕴空也。行,心念不停,迁流之义。十二时中,心不外游,念不内烦,不被物转,不为境留,一念不离当处,行蕴空也。识,别亲疏之义,亦乃着物之理。见一切境物,无分别辨认,一概平等,见如不见,识如不识,来则应之,去则不思,识蕴空也。人能到此田地,自然照见,如日之红,如月之明也。'度一切苦厄'句:五蕴空,则出生死界,免轮回苦。太上云:'吾有大患,为吾有身。及吾无身,吾有何患?'《经》云:'三界无安,犹如火宅。众苦充满,甚可怖畏。'若是有智慧之人,反照自己,悟得自身皆虚幻,非为真实,何况他物?一日无常,尽皆抛散,百无一用。念念如此,心境自除,杂念自少。求大道,访真人,了脱生死大事,才得见自己本来面目。"谈及此,数峰曰:"面目何处来?"余未及答,子鹤曰:"自来处来。"数峰曰:"何为来处?"子鹤曰:"无始即其来处。"数峰曰:"有来处,必有去处。"子鹤曰:"无终即其去处。"数峰朗诵经文曰:"舍利子,色不异空,空不异色。色即是空,空即是色。受想行识,亦复如是。舍利子,是诸法空相,不生不灭,不垢不净,不增不减。是故空中无色,无受想行识,无眼耳鼻舌身意,无色声香味触法,无眼界,乃至无意识界。无无明,亦无无明尽,乃至无老死,亦无老死尽。无苦集灭道,无智亦无得。以无所得故,菩提萨埵,依[1]般若波罗密多故,心无罣碍,无罣碍故,无有恐怖,远离颠倒梦想,究竟涅槃。三世诸佛,依般若波罗密多故,得阿耨多罗三藐三菩提。故知般若波罗密多,是大神咒,是大明咒,是无上咒,是无等等咒,能除一切苦,真实不虚。故说般若波罗密多咒,即说咒曰:揭谛揭谛,波罗揭谛,波罗僧揭谛,菩提萨婆诃。"诵讫,各归寝处。余颇觉心地湛清,如对一轮皓月。

初八日,数峰告余曰:"此处奇木怪石甚多。玉皇洞后,古松两株,结成一顶。登玄武石,凭高下瞰,似翠锦绿茵,平铺洞上,曰'二松争奇'。八门峰,峭石纯黑,半空有白石观音像,侧面趺坐,似绘工塑成,曰'观音岩'。南涧下,怪松数株,枝干如常,而叶似盔缨,名'绣球松'。又有两石如磨轮,中连石柱,似磨脐高撑,曰'连心石'。"早饭后,拟同子鹤往游,因风不果。

初九日,王道人邀同子鹤、数峰,游石丈庵,因风未往。

初十日,辞行下山,数峰送至猪头石。坐谈移时,数峰回山。余偕子鹤,过东华宫,至渌石滩。乱石纵横,从立海堰。有玲珑透剔,怪如蜂房者;有斑驳灿烂,秀如云片者。渌石即杂其间。拣选多时,未得佳者。至王古庄,因忆今春过此,绕村苦楝花开,灿如红云,吟云:"沿溪竹树护篱笆,曾向山村问酒家。记得红云深点缀,满山苦楝正开花。"时西峰晚照,水光潋滟,苦楝坠地,石径纷纭,兼之残叶盈尺,红紫相衬如锦褥。至凝真观,四面皆山,地势平衍。正殿玄武,客舍道房,颇见整齐。迤西,竹园数亩,中藏书斋,延师其中。知客赵道人

---

① 依:此字原稿脱漏,据《心经》原文补。

者，病矣。余为代卜新阡，山环水抱，亦佳壤也。西山有洞，曰“熟阳”，相传熟阳真人居此。天晚不果游，遂宿焉。

十一日，自凝真观北行，过土寨里。见霜高野净，石泉成冰，林园篱笆，斗雀飞鸣，虽冬月如听春声，一段田家风味，快怡心胸。得句云：“又领田家趣，茅檐护短垣。霜华林木净，晴旭野禽喧。寒圃吠饥犬，冰泉饮渴犍。仰瞻霄汉近，应接聚仙门。”时已傍午，闻鹤山清钟泠泠飞落云端。由村上山，石壁插空，中通出入，镌曰“聚仙门”。荒箐环绕，架日塞天。南面削壁下，洞曰“老君炉”，西一井，曰“梧桐井”。入山门，北为道房，南为客舍。客舍西，为玄武殿。由殿后，再上为老子殿，再上为玉皇殿。西有三石叠垒，高敞如厦，曰“朝阳洞”。由老子殿东上，悬岩下，峭壁南向，横镌“鹤山”两大字，下镌“遇真庵”三字，旁缀“至正二十年八月十五日，长春真人立”，东镌“嘉靖癸亥秋九月二十四日，石亭陈沂，同北泉蓝田来”。再上，即徐复阳得道处，墓碑俱存。再上，东岩一石壁立，为舍身台，台下为摸钱涧。西一石，形如鹤，下有洞，镌“鹤来洞”三字，此鹤山得名之所由来也。再上，绝顶一洞，曰“滚龙洞”，上有镌题，剥蚀不辨。知客道人黄姓，与子鹤善。谓余曰：“此山，不高而秀，不深而幽，凡羽士缁客，未有不到此留迹者，所谓‘山不在高，有仙则名’也。盖因徐、李二仙，在此得道故也。”余问：“李仙为谁？”云：“即徐复阳之师也。”晚与子鹤宿此道房。作七律二首，以志鹤山之胜：“行尽平畴过渌漪，登临又陟路嵚崎。因山象鹤鹤形古，以鹤名山山势奇。榻上扪星霄近处，窗间观日夜深时。同游幸得仙翁伴，蹑险探幽竟忘疲。”“四面峰峦森戟矛，飞泉落涧怒涛流。午钟未断客初到，一鹤不鸣山最幽。云拥石门如吐絮，松盘鸟道似蹲虬。朝来何处堪宾日，与子连肩上石楼。”余按《香祖笔记》：前明“弘治五年，南直隶乡试，刘尚书南坦麟以武学生中式；十四年乡试，陈翰林鲁南沂以太医院医生中式。二公名硕，皆以杂流入试”，而得进身，名显万世。刘公事实，余所未详。尝读《鲁南先生集》，其古文皆出宋入唐，于八大家中韩、欧尤近，惟古诗不甚入格，然亦明代气习使然。先生墨迹,亦未之见。今历观石刻,字法端正,笔力秀劲,直由褚、颜而追踪钟、王,诚一代书家之豪者也。始叹今世之士,非由学校不得进身,少年一误儒冠,而终身困于泥滓。若陈公者,虽有韩、欧之文,褚、颜之书,岂不埋没于风尘也哉? 噫!

十二日,黎明,黄道人呼曰:"先生速起看日出,今朝晴明,海中无半点云膜,此一年中不可多得之会也。"余乃披衣启户,与黄道人立于东岩之上。见东方海天一色,毫无纤翳,正古诗所谓"遥天无余滓"也。天边水垠,上下相接。红日自巨浸中,徐徐似金盘托出。盖日自水出,光含重晕,晕在日下,恰似金盘,此实理也。《渔洋笔记》言在太山日观峰看日出,亦似金盘托出。渔洋先生云:"日者气也。今日东海所生之日,非昨日西山所落之日也。盖日落气散,日生气聚也。"余推详此理,其金光、霞彩、重晕,皆气也。盖日之初生,犹未凝结故也。波光摇荡,忽上忽下,直如飞电掣光,真奇观也。余乃作长歌以志:"阳乌浴水出海中,两翼煽云云复空。洪涛万里伏阴火,火焰金沤荡海风。金光百道浮水面,霞彩千条碧空散。巨浸中流涌金轮,欲上不上如掣电。瀛洲东畔鲛人居,绕宅千万树珊瑚。鲛人泣血洒红树,千年化作珊瑚珠。下界那知天已晓,邯郸痴梦犹未了。须臾鸡唱日高升,微茫始辨田横岛。"饭后,余与子鹤西行,过醒睡庵,过青冈岭,岭势起伏重叠,横亘不断。余观二崂全局,大抵龙脉自东北栖、莱等处,或起或伏,缭绕蜿蜒。至即墨境,连结大山,绵亘五六十里。至青冈岭,分支劈脉,一支往东,结醒睡庵,再东鹤山,再东马山,再东至海,络绎十有余里,势若长城,是为二崂艮寅方外廓。青冈岭,即为干龙,穿帐过峡,复冈叠岭,起伏不断。往南数里,直起高峰,至劈石口,分支劈脉。一支转西,至华阴,再西,至神堂口,再西,至马家河,络绎二十余里,亦势如长城,为二崂乾亥方外廓。由青冈岭往西南五六里,为峡口庙。再西南,即百福庵。再南五六里,即不其山。山后有村曰"书院",郑康成书院故址也。再西南,即通真宫,有僧寺曰"毗卢庵",寺甚富丽。前有废寺,曰"慧炬院",渔洋山人《池北偶谈》言劳山无僧寺，乃传闻之误耳。至即墨城，住城隍庙，道人张寿岩款留斋食。

十三日，子鹤约尝杏春亭酒。饭后，同游大庙。庙居高阜，四围长松幽密，殿宇壮丽宏阔。高起台门，红石门楼，白石垣墙。东西两厢，皆为斋堂。二进山门，西为客厅，东为禅房。正北，八角玉皇殿。迤西，又有太山老母殿，又有救苦救难菩萨殿。殿前，花卉树木布置得宜。知客道人黄质庸，昌邑人，洁斋候客。

十四日，留憩一日。

十五日，自大庙回，赴杏春主人吴中清酒馔之约，仍回城隍庙住歇。

十六日，署幕张寿山者，与子鹤为乡亲，设筵相待。时有百福庵道人安圆惠者在座。谈次，讲《道德》《南华》二经颇精，其殆出入老庄者流耶？今世道家，尚有此人，亦可谓脱俗出尘者矣。语曰："十步之内，必有香草。"晚与子鹤灯下话别。

十七日，辞行。五十五里，抵李家庄宿。

十八日，过麻湾河。见渔翁踏筏捕鱼，趁潮荡桨。余立桥头，凝望多时，得句云："麻湾强半是渔家，妻拾旋螺儿网虾。昨夜渔翁沉醉后，桥头遗却捉鱼乂[①]。""钓艇篙头斜挂罾，扬帆风力似飞腾。莫愁荻港昏无月，夜夜归随照蟹灯。"到胶州，单际芬铺中宿，乡里也，亦前约也。

十九日，浓云密布，细雨蒙蒙。到斜沟堐，炊火烘衣。时北风骤起，纸窗透寒，绕榻湿气，不能假寐。中夜起坐，吟诗自慰。诗云："此游真雅事，只是少人知。不动探幽兴，何能吟好诗。看山开眼界，临水活心思。莫叹雨霖苦，得甘全在兹。""名胜几回访，从今了夙缘。爱山情似命，得句快如仙。有寺皆临水，无峰不到天。二崂探已遍，归作纪游篇。"

二十日，狂飙大作，云昏日黄。逆风力行，到家如释重负。更衣

① 乂：似当作"叉"字。

向火，煨酒独酌。不禁叹曰："吾何幸而得此快游哉！昔唐伯虎有云：'嵩山多好溪，华山多好别岫，泰山秀在主峰。'今观二崂，即一水一石，亦皆颉颃竞奇，可谓钟灵毓秀，能兼五岳之美矣。"爰作长歌，以志二崂之胜，不计句之工拙也。歌曰："二崂山高势孤尊，龙盘虎踞镇海门。中夜东海出朝暾，海云潮雾相吐吞。巨峰俨若紫薇垣，羽镞棨戟卫帝阍。霄汉咫尺罡风昏，星辰历历手堪扪。峰巘崄岈岩嵋嶟，四顾势如骏马奔。各具形状难备言，骅骝骐骥骧骊骍。瀑流湔湃湫瀺湲，倒飞直似倾河源。轰雷掣电雪霜喷，崖崩壁断摇轴坤。豺貛貔貅豻豹貆，蚒蛇蜗蝎螭蜷蜿。山灵深怒伤黎元，不容穴窟育子孙。林树蓊翳遮天垠，翠禽朱鸟羽翩翻。松杉棕桅桐橡樠，鹩鹳鸽鸹鸲鹤鹍。奇花异草匝云根，芝苓蕨菌茀兰荪。点缀寺观衬竹园，山外有水水外村。渤澥三面列屏藩，云蒸霞蔚雪浪掀。崆峒岷嶓嵩昆仑，二崂归来何足论！"①

---

① 下钤"耕读堂"白文印，至此《游崂纪合编》毕，封底钤白文印二"清白家世""半翁"。

辛丁纪乱册[①]

高密孙凤云瑞庭著
男墀、孙男金铭、金镶、金铸校订
咸丰辛酉、同治丁卯二纪合为一卷

叙[②]

辛酉丁卯，高密两遭捻乱。尔时，若者守，若者战，并无丰功伟绩之可述。然而不有守者，贼虽无攻克之能，垣墉弗修，兵勇不备，听贼长驱直入。安丘是其前车也。即守矣，苟外无游兵为犄角，贼闯进关箱盘踞，久困，城中井涸，正值炎天，登陴半为暍人，城亦未必果获保全，而四关庐舍尽被焚毁，犹末也。胶州之已事可鉴矣。吾密守有人，战有人，铁中铮铮，庸中矫矫，讵有愧乎？今读瑞庭所记，详略适宜，轩轾允当，洵推史才。俾战守诸君，名垂不朽，盛举也，亦盛德也。吾故乐豫参校订，留赠后人焉。若夫庙谟睿断，将相合，士卒奋，大难削平，自有掌故书之，而亦必连及焉者。所以见吾密之幸脱兵燹，固荷覆载之恩，而非仅恃一邑区区战守之力也。

---

① 原书一册，封面有草书题签“辛丁纪乱册”，下署“半翁自题”，左下两印，一印白文“凤云印”，一印朱文“半楼”；右下一印，白文“清白家世”。

② 原书下钤三印，一朱文印“中国科学院文学研究所藏书”，一白文印“字余瑞庭”，一白文印“孙凤云印”。

光绪二十七年十月初八日，耐辱居士王广微书。[1]

叙

谚云："宁作太平犬，毋为离乱民。"盖甚言兵燹之不可罹也，然天运有治即有乱，天生倡乱之人，亦必生戡乱之人。其间由乱而治之故，不可以不志。夫朝备国史，而野述稗官，使后之览者，知某某筹备任劳，某某捐赀蒇事，某某忠，某某孝，某某节义，其有关于世道人心者，顾浅鲜哉。

吾邑于前明崇祯壬午被兵，邑侯何公全城有记。国朝定鼎，承平垂二百余年，是固丁天运之治，抑亦列圣之缔造者远也。乃自道光之末，粤逆倡乱，江南数省覆没，捻匪李成、任柱、张总愚辈，乘势窜扰。高密于咸丰辛酉、同治丁卯，两遭其变，焚杀掳掠，惨不忍言。呜呼！上帝好生，岂至是而果好杀乎？吾知其必不然矣。

虽然，天心厌乱，而无戡乱之人，天亦无可假手耳。幸邑绅单伯坚倡义于前，高小堂踵之于后，邑城得以无恙。尤赖朝廷命将策勋，削平大难，天人会合，乱而复治矣。意欲志之，愧未能也。

孙君瑞庭，少习击剑，长好读书，资学兼擅，尤长于史才。余值花朝月夕，不时过从，偶检案头卷轴，见所记《纪乱》一册。取而读之，其于急公勷义之绅衿，御侮捐躯之士庶，以及贼势往来之警，民情逃避之艰，上而僧王剿歼于辛酉，群帅荡平于丁卯，皆征实言之，足备文献。庶与何公《全城记》后先辉映矣。不揣谫陋，序而存之，以遗后之览者。

时光绪二十三年，岁在丁酉春三月，立亭李凤冈叙。[2]

---

① 下钤二朱文小印"广""微"。

② 下钤朱文印"立亭"、白文印"凤冈"。

辛丁纪乱[①]

辛酉纪乱[②]

咸丰十一年辛酉，二月初旬，捻匪自安徽窜入山东，越青石关，扰青州一带。十八日，至潍县。乡勇出城堵御，败绩，伤亡甚众。二十一日，破安丘。二十三日，破景芝镇。密人大恐，皆言贼至必攻城。即居城里者，亦夺门出。旋而安、潍两县难民，扶老挟幼，千百成群，踉跄东窜，满城骚动。

二十四日，绅士单为钰，首破群疑，定坚守之约。高业伟、单礼经、蔡延湘等共赞之，请县令文熙倡议，损[③]赀募勇，戒严登城，又谕四隅士民，按户出丁，以守关厢，人心乃靖。呜乎！密城之前后获全，吾谓推单为钰第一功也。

二十五日，僧王大兵追至安丘，贼不敢东下，始由莒州、沂水等处，窜回巢穴。

二十六日，各处匪徒，聚党抢夺。幸南隅乡勇获小偷二名，北乡团练又擒匪徒五人，送县处治，皆斩于东门外。自此匪徒皆敛迹焉。顾吾所最寒心者，则在诬杀难民一节也。时各处庄村，团练自卫。安、潍两县难民逃至者，被乡团误认为贼，杀害不可胜记。袁戈庄后，有河崖村，驱难民若干，坑之。夏庄北头李家村，缚难民若干，以大炮轰之。即墨县一长随，带勇数名，赴高密打探，过张洛大屯，被乡团乱刃戳死。安丘曹孝廉之子某，携乡邻数十人，逃至胶州，被获，幸州尊、前署高密之张公廷扬明断仁慈，讯明系狱，后乃释归。曹某回家，

---

① 纪：原作“记”，今据书名统一为“纪”。

② 此处标题系整理者所加，为读者阅读方便计。

③ 损：似当为“捐”字。

邀合邑士民，立碑于黄埠岭，曰“甘棠遗爱”。种种劫数，曷胜浩叹。夫若而人者，不死于贼，而死于乡民之手，岂其中尽恶人当诛耶？抑虽有善人，在劫不可逃耶？福善祸淫之说，吾欲搔首问青天矣。

三月，撤防。

四月，单为钰倡义修城，铸枪炮，制旂帜以及火药之属，忧劳成疾，月余而亡。公论惜之。然吾密之不罹于祸者，实单为钰一人之力也。四乡皆筑围堡，东有姚戈庄、郭家台子、李家前店，西有尹家宅、王家沙窝，北有窑头、楚家沟，南有朱公庄。贼至，活人无算。

七月，彗星现，自西北指东南，约长数十丈，宽数十尺，灼灼然如喷火之状，月余始灭，盖天垂象警人，可惧也。

八月，贼自安徽分三股窜入山东。一股自曹州，历青州，至潍县等处。一股自沂州，循海至胶州等处。一股自兖州至莒州等处，是股于初七日窜入密境。当晚，火光冲天，西南一带庄村，尽为贼踞。初八日黎明，喊声震天，大队薄城，旌旗遍野，戈矛如林。尔时，督理守御者，则高业伟当居第一功矣。汛弁刘焕斗，卸印未归，率乡勇教军场堵御，不战而溃。贼摇旗吹号，贼无鼓角，截竹为号。千百齐吹，闻者丧胆。分队而入，披发狞面，势如虎狼，形似鬼怪，赭衣红裳。时有县汛马兵、尽先外委徐凤林出城哨探，至南关，与贼相遇，盘马弯弓，箭殪一贼。见势甚众，拨马欲回，群贼后追。至布市桥下，徐凤林扭身搭箭，又毙一贼，群贼稍却。又有举人张翻之弟张翎，誓约李嗣德、马瑜选等，率乡勇在东关接仗，毙贼十余名，乡勇亦死二人，受伤者一人。是役也，诸君实有殊功，不可没也。是日，四关殉难者甚多，第就其可考者书之：西南关，王人勋、单昭琳死于仙人桥之侧，后立同心向义碑于左。西关，叶贵死于东岳庙前，监生崔殿奎死于倪家村东。北关，庠生王之枢死于栾家庄后。薄城之贼未退，前锋已到官庄。此庄，数村相连，居民万户，富庶之乡。筑堡未成，大队掩至，一鼓而登。武举赵殿魁、廪生张合珠、庠生赵敬奎率拳勇张合灼等，短兵巷战，皆死焉。是夜，贼盘踞于此，杀戮甚惨，至有全家无存者。同时遇害，则有许家庄张氏，团练临近村民，在空旷之处，令男子持枪架炮，稳跕在外，童稚妇女，安放于内，名曰“人围子”。贼至而溃，逃出者甚少。梓潼庙后，集难民数百，被贼驱入姜家屋内，纵火焚之，碾头东关人居多。堤东，随朝伴官宫世琛为胶团枪棒教师。贼至，率徒百余人，迎击于紫兰庄东。徒众溃散，独杀贼若干人，力竭身死。鲁戈庄乡团在黄埠岭与贼接仗，伤亡一百三十余人，胶州武进士王懋勋及其子武举王国梁与焉。

初九日，姜庄团长高陶、王辂率拳勇数百人，迎击于李仙庄。贼列阵村头，兵刃相交，逾时相持不下。有梁翔凤者，号三大王，见街旁树一巨桩，用力拔出，飞空打去，群贼乃退。高陶等乘势追杀，有一人砍毙数贼者。旋而大队合围，高陶等奋力冲出。是日，姜庄一带焚毁无余。

初十日，贼趋东北。时城门严闭，禁止出入。难民皆以大绳作梯，悬之城垛，或出或入，环而缒之。文令知之，尽行收去。自此饮食之艰，粗粝重如珍羞矣。

十五日，三股贼麕积登州，处处尽烽火矣。

二十五日，闻贼回窜，未知确信。是夜，见西北微有明光，闪闪如散星，皆料贼尚远，故乡间难民多有挈眷回家而遇害者。茫茫大劫，数不可逃如此。

二十六日，巳时，贼自西北突至，前哨已到胶州，大队犹在高密，杀戮劫掠，惨不可言。是夜，烽火燎城，人心危惧。五更时，人喊马嘶，竹号悲鸣，步队列阵围城，马队往来奔驰。午后，方解围去。是日，三股贼分屯胶州关厢，附近庄村，尽为贼窟。

先是贼至胶州，破围而入，蹲坐城下，逼索金银数千而去，稔知胶人不敢开炮。故被困十有八日，城几为陷。拔营时，尽毁关厢庐舍。

当其困胶州时，群贼四出搜掠，无日不到距城河沟头一带。矮沟庄掩杀游骑一名，匿其马于关帝庙。次日，贼率大队围矮沟，杀伤三十余人。胶州西南乡下河城，有妖人号“红胡子”，聚山民数千百人，令左手携一草兜，右手持一桃枝，言草兜中盛小石数枚，抛石击贼，疾如飞炮；桃枝杀贼，利如宝刀。贼至，众溃，杀伤无数，妖人亦被杀。书之可为惑于妖言者戒。候选训导孙立远立旗招勇，赴胶杀贼。噫！乡兵不练，何可应敌！此事不成，幸哉。然其志亦足嘉矣。

后有自贼营逃归者，言捻匪原系两大股，有黄旂、黑旂之分。黄旂贼酋魏其元，黑旂贼酋李成。李贼在捻匪中最为勇骁。二股相遇，黄旂必受其挫。当魏贼在西北时，意欲直西劫掠，闻黑旂自济宁、临清一带窜过济南，急率群贼，连夜兼程，窜避胶州。后闻黑旂抵平度，遂拔营回窜矣。

九月十三日，黄旂贼自胶拔营，至莒州之将军岭，被僧王大兵歼其大半，中箭死者最多。岭之南，名虎头崖，即王擂鼓处。余贼南窜，王遣马队从后追杀，直至运河，溺死者不计其数。江南官军复自上流开闸放水，积尸壅水，数日不流。

十六日，黑旂贼自掖平等处窜至高密，在姜庄一带屯扎。

十七日，贼列队城南，遂散布于附近庄村，四面烽火逼城。

十九日，破刘戈庄围堡，杀戮甚众。

二十日，贼入关厢劫掠。次日复入。自是贼率马队，或三五为伙，或千百成群，竟日围城剽突，非纵火即杀掠，合邑黎庶，度日如年，又兼瘟疫盛行，死亡枕藉，种种劫数，可胜言哉？最可叹者，贼入关厢，文令惧贼甚，不许开炮，绅士争之不得。关厢被焚，皆文令之罪也。是时，东西当典，抢掠一空，惟剩钱数万。文令命人尽抬入县署。冬月卸印，将前所收之大绳，并公局抬炮数十杆，车载而归。行至姜庄，被梁翔凤遮道强留，以为筑堡之资，梁君，真快人也。

十月初三日，黑旂贼回窜，高密解严。

是春之乱，潍河以东乡团，沿河防堵。远近送粮者，摩肩接踵，道路相望。贼若渡河，被害者不可问矣。

是年，吾乡虽罹兵燹，犹有三大幸。一幸，二月二十三日，在城居民逃避乡村，幸贼未至。若一入境，皆被杀掠。二幸，八月初八日，贼入关厢，神头鬼脸，狼喊狐叫。承平日久，人不知兵，如何见此奇形怪状？若一攻城，必不能支。三幸，贼猝然骤至，乡间难民四散奔逃，离城尚远，贼马后追，四乡幸有围堡可投。此时若无接济，何处为救命之乡？有此三幸，是以知群生虽堕孽障，犹赖上天庇佑也。[①]

余遭捻匪之乱，奔逃惊窜，不得宁居，聊藉韵语以自解云：[②]

南匪围城

海内烽烟起，群生祸覆盆。
共传众乌合，到此忽蜂屯。
戎马连山岳，旌旗蔽野原。
更怜城外苦，掳掠几人存。

【尾批】非亲阅历者不能道得只字。静岩

妖氛远近知，城上列全师。
落日锁寒垒，阴风吹大旗。
血痕留断草，磷火照荒陂。
最怯五更后，愁听鼓角悲。

【尾批】阴惨，发难显之景。静岩

两月严城闭，直如罹网罗。
死生分旦夕，疾病尚奔波。

---

① “是春之乱”至“犹赖上天庇佑也”有朱笔、墨笔先后圈点，上有墨笔眉批：“王静岩曰：以下议论，真通人之言。昔年愚意亦见及之，今乃一读一击节也。”

② 《耕读堂诗集》亦收录《南匪围城》《贼退还家》《寇退野望》《乱后闲居》诸诗，字句微有差异。

处处愁闻角，人人苦枕戈。
凭谁韬略展，尽扫此妖魔。

【尾批】三四理足情足，自是好句。静岩

贼退还家

境内妖氛退，居民犹枕戈。
破庐烟火少，深巷哭声多。
书剑埋灰烬，轩窗压毁柯。
逢人新被虏，贼信问如何。

【尾批】过时读之，令人落泪。静岩

一炬成焦土，空堆满院灰。
到门无径入，行处使人猜。
僻巷约邻至，深宵疑鬼来。
几家丁壮少，被虏未曾回。

【尾批】中四句真写得尔时景象出。静岩

寇退野望

马迹乱平冈，山河成战场。
髑髅纷旷野，灰烬黯残阳。
老树挺枯干，孤村矗废墙。
寒烟荒碛暮，新鬼吊苍茫。

乱后闲居

何事遭天谴，余生尚不知。
颓垣沾[1]血迹，枯树断烧枝。
村舍筑成堡，儿童学剪旗。
自悲还自叹，搔首问兴衰。

【尾批】真景实事，故愈浅愈警。所谓点点滴雨，都落在学士眼里也。静岩

乱后春游

乱后田园废，何时靖逆氛。
衰翁耕故垒，童稚扫新坟。
围堡皆修武，庠门尽偃文。
行归天欲暮，惨淡起愁云。

同治壬戌春偶与春桥先生小酌言及前事凄怆悲恻先生感作五古以志去岁之乱

有酒须当饮，酒能消百忧。
三杯未成醉，触我心中愁。
去岁在辛酉，黎民扰寇仇。
始当仲春月，花柳方夷犹。
传言蛮匪至，烽烟起南州。
世安久无备，武事谈者羞。

① 《耕读堂诗集》中“沾”字作“黏”

城坏仅如垒，池深不及沟。
一旦寇入境，奔腾相践蹂。
去城无百里，幸阻清滩流。
不意天兵至，妖氛暂时休。
境内得安堵，真同出狱囚。
燕雀巢幕上，及时乐优游。
天心欲垂戒，彗星出当头。
赤色明旭旭，光焰阔而修。
转瞬凉风至，禾稼未全收。
群生劫运迫，寇至如置邮。
维时天向夜，砌蛩鸣啾啾。
势成危卵急，有家安可留。
妻孥惊且泣，心内如煎油。
家具不及挟，百物任轻丢。
扶持踉跄去，纤弱路难由。
城门方严闭，夜色凝昏幽。
天明人众集，靦然逐娼优。
间关重门人，舌枯烦哀求。
来朝天未曙，喧呼起城楼。
旗帜漫山谷，异类雄貔貅。
人喊雷声动，烟涨云气浮。
野悲号鼓角，地殷纷髑髅。
劫掠遍子女，残戮到马牛。
去来数十日，贵贱绝粮糇。
水浆咽珠玉，粗粝重珍馐。
暮夜守埤苦，瘠瘦人疑猴。
数极则必变，狼贪愿已酬。
风尘向南下，囊橐充车舟。

我家罹兵燹，宅舍成墟丘。
入门纷瓦砾，鸡犬犹在不。
琴书没灰烬，斗室余赘疣。
寒灯照孤榻，夜雨听飕飕。
庭荒堆落叶，凄然盈我眸。
盎空无粟米，天寒少衾裯。
欲以身殉物，无乃非良谋。
人生在世上，真同水中沤。
圣贤有至训，素位无怨尤。
把酒思往事，心绪纷丝抽。
出户仰天叹，聊作商声讴。

其后，岌岌如不终日者数载。延至同治六年，东捻又窜入密境矣。

丁卯纪乱[①]

同治六年丁卯，五月初旬，县尊林公溥奉抚宪丁宝桢札谕，言东捻贼酋任柱子、赖文光、牛老红由河南窜入山东，令各府州县以及乡村围堡皆设防严备。林公与汛弁高名扬、绅士高业伟、蔡延湘、单礼经、明伦堂会议设防，每垛一兵、一火枪，五垛一旗、一抬炮，十垛一小炮、一士统之，五十垛一大炮、一大旗，一绅统之。设七局于城上，以备分拨调遣。管东门局者，举人张翩、庠生单锡绂。管奎星阁局者，庠生李凤冈、郡生刘蓬瀛。管南门局者，监生傅有堂、庠生张永祺。管西南门局者，监生傅诚之、庠生单润传。管西门局者，监生李棻、奎文阁典籍崔政。管西北角楼局者，监生胡椿林、武生单玉堂。管三星阁局者，庠生高业传、候补千总官璜。又设总局于关帝庙，高业伟、蔡延湘、单礼经总理其事。战守之具，于是大备，而任怨任劳，则高业伟

① 此处标题系整理者所加，为读者阅读方便计。

实克济艰难焉。

十六日，贼由昌平一带窜至栖、莱等处，丁抚督兵追至。

二十七日，丁抚平字营过高密，官宿娼里，兵踞民房。时丁抚驻平度，次日方赴大营。

六月初四日，丁抚大兵由胶州拔营赴昌邑，所过庄村，鸡犬无存。午至高密，驻营关厢，门窗器具，残毁殆尽。初五日早，拔营起行。过午，忽自西北转回。乡民皆出不意，尽为虏掠。次日，回驻胶州之麻湾，居民居，食民食，役其丁壮，渔其妇女。统兵官不惟不能节制，而且同恶相济，闻者莫不切齿。

初七日，凤字、奇字两营至高密，开字营继至，皆有锅帐，驻营关外。时贼扰东牟州县，李宫保鸿章檄各路统帅，调赴胶莱河西岸，筑长围以困之。自胶州码头，至昌邑下庸，沿河三百余里，修卡建垒，以备歼贼。近高密者，开字营驻吴家口，铭字营驻侯家，凤字、奇字两营驻王甘坝，是为四大营，不下数万之多。各营兵无日不进城骚扰，特殊于捻匪不杀人耳。吾谓贼之害民，私也，人人得扑而诛之；兵之害民，公也，以公挟私，谁得而扑之而诛之？其害较之捻匪，殆有甚焉，痛哉！幸铭字营统率刘军门铭传遣弁持令箭一一逐出，又悬牌示于东门首，各营官兵，稍稍敛迹。此军门之奉命策励第一恩也。时乡村男妇皆在城避难，昼则坐于炎风烈日之中，夜则宿于迅雷淫雨之下。时疫大作，死亡丛集，不堪寓目。幸林公不时开城，放难民归家搬运粮草，虽困汤火之中，尚无饥渴之患，此我公第一德政也。

七月十一日，贼自下庸窜过胶莱河。

十三日，丁抚自胶州拔营至高密，会开字、奇字、凤字三营，往西追贼。高密稍稍解严，林公谕令开城放闸，乡村难民始得归家收获。

是时，济东、泰、武、兖、沂一[①]东，凡关隘紧要之处，皆有官军堵御。贼窜至潍县、寿光之境，不敢再西，又惧长围之困，不敢东回，惟在诸、安、昌、潍、寿、乐、胶、高一带，往来奔窜。各军或迎击，或追剿，或横截，七、八、九等月之间，先后开仗十有余战，皆捷。刘军门铭传击贼于潍县之太公堂，复追剿于诸城之巴山。郭军门松林破贼于胶州之杨家山。王军门新安击贼于昌乐之孤山，复会刘军门，追破于寿光之侯镇。贼之死亡过半矣。

十月二十一日，午时，贼自东南窜至高密，晚驻城南初家村、下家庄一带，烽火约有三十余里。

是时，各乡坚壁清野，贼无食可掠，枵腹窜逃，夜踞空村，不禁哀号，至有缢死者。所虏之人，斗米赎命。穷蹙已极。

二十六日，刘军门驻兵于潍之城南，遥见马队，约有数百，飞驰而来。遣营弁往探，回报系投诚之贼。军门严阵以待。顷刻贼众至，跪恳效力。军门令分隶诸营。是夜，命群贼剃发，次日骈戮之。

十一月十三日，刘军门歼贼于寿光之陈家寨，炸炮击毙任柱，生擒牛老红之妻，斩馘数千，俘获五百余名。先是军门追贼，路过景芝镇，守堡者误认为贼，炮伤数兵，营弁欲列阵攻围，军门不许，慰以好言，罚米面麸料数千斤而已。军门之大度豁达如是。次日，军抵潍之城南草庙村。值阴雨晦霾，乡老伏道殷留，奉献鸡黍。军门深感其意，遂止宿。黎明，马队过潍之东门，号令严肃，旗帜鲜明，潍人城上观之，莫不感叹。马队方至北郭，与贼猝遇，烟尘障天，炮响如雷。贼拼命死战，马队不能取胜。哨官飞马南驰，急调步队。时步队尚在城南。前哨卷旗直奔，后哨擂鼓急催，马步齐攻，贼众大溃。军门督兵，追压百余里。至陈家寨，守寨者燃炮助攻，又煮粥饷军。军门乘夜掩杀，贼复回窜。军门追至潍之八里庙子，无一逃者，惟赖文光窜至

---

① 一：似当作“以”字。

杨[1]州，被江南大营擒获，东捻悉平。

牛老红之妻，系刘军门亲手擒获。军门交于潍县官绅，听候解京。官绅恐其自尽，每食饲以酒肉。一日，监者言官军连获胜仗，此妇闻之骂曰："我之败，天也。妖兵何能?"用铁索将监者殴伤。军门大怒，命磔之。闻此妇善于骑射，力能扛鼎，被擒时，犹手刃数卒云。

刘军门，督兵到密时，人皆言："目不识丁，出身一无赖耳。"近读军门《大潜山房诗钞》，有句云："战罢大刀余杀气，令严万马不骄嘶。"其军令严肃，盖可知矣。又云："勒马横戈走吴山，年来擒斩皆名贼。"其忠奋勇略，又可知矣。又云："灭贼自为贼，何以对苍生。"其居心为民，更可知矣。曾毅勇侯序其诗曰："省三，二十从戎，三十身拥疆寄，声施烂然，为时名将。"其为曾侯推重亦大矣。余观其所为，其经济学问，亦李西平、岳武穆之流。克名城，复巨镇，进退有方，出入有法。身在介胄戎行之间，偶得余暇，便游泳翰墨，虽古之名将，亦不过是。此皆言之者不经，听之者不察，使军门负此不美之名。岂有无赖出身而为名将者乎？军门，讳铭传，庐州合肥人也。[2]

孝廉王城，精于易理，言今岁五福神在东，贼若东下必败歼，后果符其言。

同治七年戊辰，秋七月，李宫保鸿章歼西捻张总愚于直隶、山东之交，海内肃清。

附录：李宫保平西捻张总愚疏

伏查捻逆，倡乱十余年，流毒数省。去冬任、赖等股，幸就削平。不图张总愚渡河北窜，震惊畿辅，仰累宵旰忧劳，征兵筹饷，日昃不遑，皆缘臣等治军无状，负咎滋深。四月间，贼窜运东。臣稔知流寇非圈制不行，与左宗棠、官文、崇厚、英翰、丁宝桢等，议就直东运河围

① 杨：似当为"扬"字。

② 此论刘铭传事收入《耕读堂文集》，题作"刘军门论"。

筑长墙，趁伏汛盛涨，蹙地兜困之。其时，地广兵单，有剿无防。经臣商之官文，派直隶臬司张树声、道员欧阳正墉督沿河民练修守长墙，丁宝桢亦派道员王成谦接修东境河墙。六月十六日，张逆率众猛扑景德之交，幸获保全。丁宝桢督劝民团，就马颊河西北岸至陵县临邑一带，联筑墙濠，作团裹圈。逆贼被剿势穷，南遁，遂入网罗。各军乘机急追，更迭兜剿，蹙之死地，遂就歼灭。臣与都兴阿、左宗棠等，始愿皆不及此，实赖圣主洪福。庙谟决胜于上，神机营及诸王大臣控制于中，各省将士奔走效命于外，积年巨憝，迅就荡平，为中原军务一大结束，微臣躬在行间，忝窃兵柄，愧无丝毫补助，从兹得睹升平，祗有私衷庆忭而已。①

附录:僧王殉难战状

……②

时同治七年岁在戊辰之小阳春月，瑞庭孙凤云谨识于诗话轩。

【尾批】叙次详明，断制平允，斯为史笔。昔韩昌黎不敢作史，柳柳州以书让之。今吾于瑞庭是编，不得不首肯矣。静岩又评

---

① 此文摘取自李鸿章同治七年七月初八日《查明张总愚实已投水淹毙直东肃清折》。

② 该状与《耕读堂文集》之《僧王殉难战状》相比，无眉批，尾批不同，正文末多“时同治七年岁在戊辰之小阳春月，瑞庭孙凤云谨识于诗话轩”二十五字，故此处省略重复文字。该文后钤白文印“耕读堂”，封底钤白文印二“清白家世”、“半翁”，至此第五册毕。

《中国近现代稀见史料丛刊》已出书目

第一辑

莫友芝日记
汪荣宝日记
翁曾翰日记
邓华熙日记
贺葆真日记
徐兆玮杂著七种
白雨斋诗话
俞樾函札辑证
清民两代金石书画史
扶桑十旬记(外三种)

第二辑

翁斌孙日记
张佩纶日记
吴兔床日记
赵元成日记(外一种)
1934—1935中缅边界调查日记
十八国游历日记
潘德舆家书与日记(外四种)
翁同爵家书系年考
张祥河奏折
爱日精庐文稿
沈信卿先生文集
联语粹编
近代珍稀集句诗文集

第三辑

孟宪彝日记
潘道根日记
蟫庐日记(外五种)
王癸避难日志　辛卯年日记
嘉业堂藏书日记抄
吴大澂书信四种
赵尊岳集
贺培新集
珠泉草庐师友录　珠泉草庐文录
校辑民权素诗话廿一种

第四辑

江瀚日记
英轺日记两种
胡嗣瑗日记
王振声日记
黄秉义日记
粟奉之日记
王承传日记
唐烜日记
王锺霖日记(外一种)
翁同龢家书诠释
甲午日本汉诗选录
达亭老人遗稿

第五辑

袁昶日记
吉城日记
有泰日记
额勒和布日记
孟心史日记·吴慈培日记
孙毓汶日记信稿奏折(外一种)
高等考试锁闱日录
东游考察学校记
翁同书手札系年考
辜鸿铭信札辑证
郭则沄自订年谱
庚子事变史料四种(外一种)
《申报》所见晚清书院课题课案汇录
近现代“忆语”汇编